RÄT SEL HAFTE ORTE

55 Sagen & Mythen unserer Heimat

Impressum

Verlag
© 2017 Presse-Druck- und Verlags-GmbH, Curt-Frenzel-Straße 2, 86167 Augsburg, www.presse-druck.de

Texte
Claudia Bammer, Manuela Bauer, Peter Bauer, Andrea Baumann, Sebastian Bernhard, Marcus Bürzle, Maximilian Czysz, Christoph Frey, Gönül Frey, Manuela Frieß, Christian Gall, Evelin Grauer, Jörg Heinzle, Elli Höchstetter, Carmen Jung, Regine Kahl, Walter Kleber, Sven Koukal, Ina Kresse, Stefan Krog, Ute Krogull, Christian Kruppe, Felicitas Lachmayr, Christian Lichtenstern, Gerald Lindner, Michael Lindner, Wilfried Matzke, Sebastian Mayr, Nicole Prestle, Alexander Rupflin, Siegfried P. Ruprecht, Philipp Schröders, Pitt Schurian, Nicole Simüller, Markus Schwer, Jana Tallevi, Thomas Wunder, Miriam Zissler

Fotos
Titel: ©Dark Illusion/fotolia.com, S. 1ff ©reichdernatur/fotolia.com, S. 10ff ©reichdernatur/fotolia.com, Philipp Apian, Architekturmuseum Schwaben, Archiv Schwäbische Landeszeitung, Claudia Bammer, Sebastian Bernhard, Maximilian Csysz, Gerlinde Drexler (Repro), Erich Echter, Manuela Frieß, Elisa Glöckner, Anita Hilpert, Michael Hochgemuth, Thorsten Jordan, Walter Kleber, Nicolas Liebig, Wilfried Matzke, Marcus Merk, Militärgeschichtliche Sammlung Lechfeld, Museum Wittelsbacher Schloss, Susanne Rummel, Siegfried P. Ruprecht, Sammlung Häußler, Sabrina Schatz, Michael Schmidberger, Andrea Schmidt, Philipp Schröders, Peter Schurian, Benedikt Siegert, Klaus Theilacker, Anne Wall, Bernhard Weizenegger, Barbara Würmseher, Silvio Wyszengrad, Anette Zoepf

Projektmanagement
Martin Hoffmann (Leitung), Julia Klas, Jannika Bolay

Redaktion
Markus Schwer

Layout/Satz
Corinna Ziemer, Medienzentrum Augsburg GmbH

Kartografie
maps4news.com/AZ Infografik, Martin Kropf, Christian Beinhofer, Daniela Duckhorn

Druck/Produktion
Druckerei Joh. Walch GmbH & Co KG
Im Gries 6, 86179 Augsburg

Auflage/Jahr
1. Auflage 2017

ISBN
978-3-94628-204-4

Sehr geehrte Leserinnen, sehr geehrte Leser,

Wissen spielt in unserer digitalisierten Welt eine große Rolle. Das Wissen der Welt verdoppelt sich heute in nur zwei Jahren. Und doch ist Wissen nicht alles. Unsere Welt wäre viel ärmer, wenn es nicht all jene Dinge gäbe, bei denen wir eben gerade nicht alles, nicht ganz genau oder nicht bis ins letzte Detail wissen. Was wäre die Welt ohne all die Mysterien, ohne Sagen und Legenden, ohne die „Geschichten" hinter der Geschichte. Deshalb haben sich Redakteure und Mitarbeiter der Augsburger Allgemeinen und Ihrer Heimatzeitungen auf den Weg gemacht und rätselhafte Orte entdeckt, an denen es viel zu erzählen gibt. Und wieder einmal hat sich gezeigt: Das über 2000 Jahre alte Augsburg und seine Region sind „unheimlich" reich an Ereignissen und Überlieferungen. Wissen und Erzählungen vermischen sich, nicht immer ist es leicht, historische Wahrheit und Dichtung zu trennen. Aber gerade das macht den besonderen Reiz aus, sich diesen rätselhaften Orten zu nähern. Wir wünschen Ihnen, liebe Leserinnen und Leser, viel Vergnügen bei der Lektüre – und reizvolle Entdeckungen, wenn Sie sich selbst auf den Weg machen. Es lohnt sich!

Walter Roller
Chefredakteur

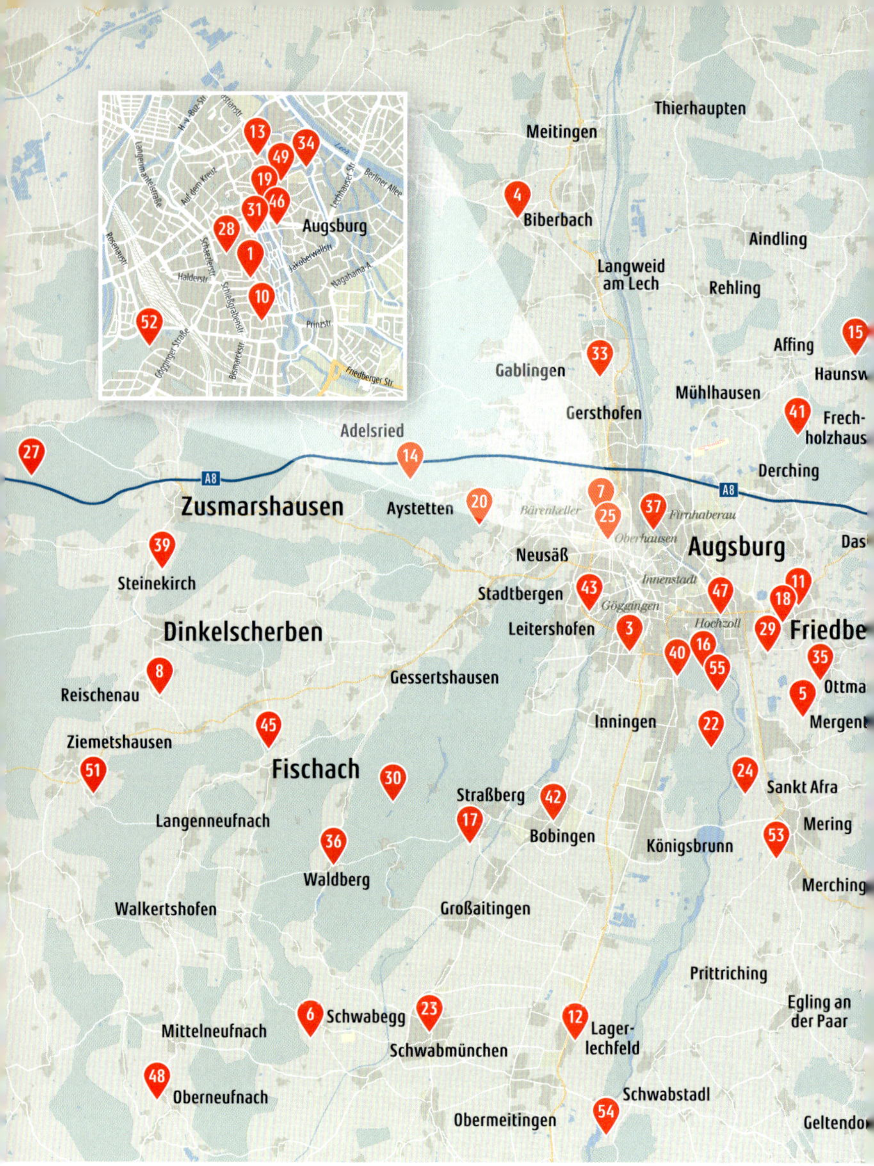

Übersichtskarte

Wo ist der Birnbaum zu finden, dem eine Wunderheilung nachgesagt wird? An welcher Stelle stand einst die Befestigungsanlage Haldenburg, die Schutz vor den Ungarn bot? Und wo lag eigentlich der Ort Hinterkaifeck, in dem es einst zum immer noch unaufgeklärten Sechsfachmord kam? In der Übersichtskarte finden Sie die Antwort!
Wir haben für Sie die Schauplätze aller rätselhaften Geschichten zusammengestellt.

1 Steigenberger Drei Mohren
2 Pestkreuz
3 Nazilager
4 Wallfahrtskirche Biberbach
5 Erdställe bei Kissing
6 Haldenburg
7 Hirblinger Straße 181
8 Reischenau
9 Pertenau
10 Heiltumskammer
11 Köpfhäusl
12 Militärgeschichtliche Sammlung Lechfeld
13 Da hinab
14 Blutiger Herrgott
15 Wallfahrtskirche St. Jodok
16 Siebentischwald
17 Munitionsfabrik „Fasan"
18 Rathaus Friedberg
19 Bei den sieben Kindeln
20 Schwäbisches Himmelreich
21 Höllgraben
22 Schießplatzheide
23 Geyerburg
24 Gunzenlê
25 Oberhauser Gaskessel
26 Wallfahrtskirche Maria Birnbaum
27 Waldwerk Kuno
28 „Fugger Schreibstube"
29 Wallfahrtskirche St. Afra im Felde
30 Scheppacher Kapelle
31 Barfüßerbrücke
32 Silberbrünnl
33 Abhöranlage Gablingen
34 Kahnfahrt
35 Paardurchbruch
36 Kirche St. Radegundis
37 Hochbunker
38 Burgplatz
39 Burgruine Wolfsberg
40 Augsburger Localbahn
41 Derchinger Forst
42 Büble-Denkmal
43 Offizierskasino
44 Hinterkaifeck
45 Buschelberg
46 Zirbelnuss-Kanal-Brücke
47 Lechbrücke
48 Christoph-Scheiner-Turm
49 Pulvergäßchen
50 Aichacher Grubet
51 Maria Vesperbild
52 Stollen unter dem Wittelsbacher Park
53 Steinerner Mehlsack
54 Burgruine Haltenberg
55 Siebenbrunner Unterdorf

3 | Vorwort der Redaktion
4 | Übersichtskarte
8 | Casanova und die schönen Augsburgerinnen
10 | Wie ein Weiler vor fast 400 Jahren ausgelöscht wurde
12 | Wie sich die Nazi-Frauen aufführten
14 | Mozart und der Orgelwettstreit
16 | Das Geheimnis der unterirdischen Gänge
18 | Haldenburg als Schutz vor den Ungarn
20 | Wo Mönche vor 600 Jahren ihr Bier lagerten
22 | Wie ein Findelkind den bösen Schneider veränderte
24 | Kein Ufo, sondern ein Flachland-Leuchtturm
26 | Kreuz, Kelch und ein Zahn von Bischof Ulrich
28 | Ein Baum, der aus Blut gewachsen ist
30 | Jeder Start kostete 80.000 Dollar
32 | Als der Teufel Luther den Weg wies
34 | War's ein Rudel Wölfe oder ein tollwütiger Hund?
36 | Mord am Mesnerpaar und ein Pudel mit feurigen Augen
38 | Eine Wirtschaft mitten im Wald
40 | Die Natur beseitigt nur langsam die Spuren des Krieges
42 | Die Meister der Zeit
44 | Als eines der Kinder beim Spielen in den Bach fiel
46 | Ein verwunschenes Haus am Waldesrand
48 | Von der „Wilden Jagd" im Höllgraben
50 | Wo einst Soldaten schossen, blühen heute Orchideen
52 | Die angebliche Trutzburg von Bischof Ulrich
54 | Wer liegt unter dem Gunzenlê begraben?
56 | Im Gaswerk wird die Erdrotation erlebbar
58 | Wunderheilungen am Birnbaum
60 | Wo Hitlers „Wunderwaffe" montiert wurde
62 | Von wo aus führte Jakob Fugger sein Imperium?
64 | Um die heilige Afra ranken sich viele Mythen

Inhalt

66 | Eine Kapelle entfaltet Magie mitten im Wald
68 | Eine Brücke, die man nicht sieht
70 | Glitzernder Wasserlauf fließt durch den Wald
72 | Das große Ohr des Geheimdienstes ist unübersehbar
74 | Vom Hafen Augsburg bis zum Schwarzen Meer
76 | Warum die Paar dem Lechtal entflieht
78 | Wie eine Dienstmagd zur Bistumsheiligen wurde
80 | Warum Autos hinter meterdicken Mauern parken
82 | Das Drama um den König und seine Folgen
84 | Wie Liebe und Hass die Burg Wolfsberg zerstörten
86 | Auf den Spuren des Lochbach-Express
88 | Um den Derchinger Forst ranken sich Sagen und Mythen
90 | So geht's Bobingen zu
92 | Wo US-Soldaten Whiskey tranken
94 | Hinterkaifeck – Tatort eines ungeklärten Mordes
96 | Hier sollten Barrikaden die Ungarn aufhalten
98 | Wo Wasser über Wasser fließt
100 | Wo sich Bayern und Schwaben zankten
102 | Ungetrübter Ausblick trotz Sonnenflecken
104 | Tipsiles und die Erfindung des Schießpulvers
106 | Das altbayerische Ruhrgebiet bei Aichach
108 | „Die Menschen spüren, dass hier etwas ist"
110 | Die Maulwurfgänge unter dem Wittelsbacher Park
112 | Der wütende Fuhrmann bekommt seine Strafe
114 | Von Lustreisen und der Falkenjagd
116 | Die verlassene Siedlung mitten im Wald

Casanova und die schönen Augsburgerinnen

Der legendäre Frauenheld aus Italien erlebt vor über 200 Jahren in der Stadt einige erotische Abenteuer. Warum er mit Augsburg aber auch ziemlich unangenehme Erinnerungen verbindet

von Jörg Heinzle

Sein Ruf als Frauenheld ist legendär. Er wurde der Namensgeber für Männer, die es verstehen, die Herzen der Frauen für sich zu erobern: Giacomo Girolamo Casanova. Sein ausschweifendes Leben im 18. Jahrhundert diente als Vorlage für viele Bücher, Opern und Filme. Was weniger bekannt ist: Der italienische Lebemann war mehrmals zu Besuch in Augsburg. Und er verdrehte auch hier einigen Damen den Kopf.

Erstmals reist Casanova im Dezember 1756 nach Augsburg und steigt im Hotel Drei Mohren in der Maximilianstraße ab. Kurz zuvor ist er nach 15 Monaten Haft aus dem Kerker in Venedig geflohen. Dort hatte man ihm angebliche „Schmähungen gegen die heilige Religion" vorgeworfen. Casanova führte das Leben eines Nomaden. Er musste mitunter überstürzt weiterziehen, weil er sich durch Liebschaften, Geldschulden oder allzu kritische Äußerungen Feinde gemacht hatte.

In seinen Memoiren schildert er noch zwei weitere Besuche in der Stadt am Lech. Als er im Jahr 1761 nach Augsburg kommt, ist im Drei Mohren kein Zimmer frei. Deshalb mietet er sich ein Haus mit Garten, das ihm ein Bankier organisiert hat. Er soll im Auftrag des portugiesischen Königs an einer Friedenskonferenz in Augsburg teilnehmen. Sie findet dann aber doch nicht statt. Casanova reist mit der Balletttänzerin Cathérine Renaud an, mit der er eine

Im Hotel Drei Mohren steigt Giacomo Casanova 1756 bei seinem ersten Besuch in Augsburg ab. Kurz zuvor ist er aus der Haft in Venedig geflohen.

leidenschaftliche Affäre hat. Der Aufenthalt hier steht unter keinem guten Stern. Er verspielt bei einem Besuch in München viel Geld und er infiziert sich mit der Geschlechtskrankheit Syphilis. Er wird vom fürstbischöflichen Leibarzt operiert. Es dauert Monate, bis er genesen ist und Augsburg verlassen kann. In Augsburg unterstützt er auch eine verarmte italienische Theatertruppe. Eine Schauspielerin und die Tochter des Theaterchefs haben es ihm angetan. Der Historiker Michael Nadler schreibt darüber: „Seine diesbezüglichen erotischen Wünsche erfüllten sich bei einem Gelage in einem Augsburger Gasthof, das er in seinen Lebenserinnerungen genüsslich für die Nachwelt festgehalten hat." Auch mit zwei schönen Augsburgerinnen erlebt er erotische Abenteuer – mit Annemirl, seiner Köchin, und mit Gertrud, der Tochter seines Vermieters.

Ein letztes Mal hält sich Casanova im Jahr 1767 in der Stadt auf. Dieses Mal steigt er im Gasthof Goldene Traube ab und mietet angeblich eine ganze Etage. Das Haus gilt zu der Zeit auch als Treffpunkt für Musiker, Komponisten und Musikalienhändler. Das Gasthaus, das sich in der Maximilianstraße nahe der Moritzkirche befand, gibt es nicht mehr. In der Nachkriegszeit entstand dort der „Filmpalast". Heute ist hier eine Ladengalerie.

Lage Giacomo Casanova nächtigte im Hotel Drei Mohren in der Maximilianstraße. Eine weitere Unterkunft: Wenige Häuser weiter, wo jetzt die Filmpalast-Ladengalerie ist, stand einst die Goldene Traube.
Führungen Bei der Regio kann man Rundgänge für Gruppen buchen – ein Schauspieler berichtet als Casanova von seiner Augsburger Zeit. Ein Theaterdinner mit Casanova im Drei Mohren hat das Projekt „Theater im Leben" im Angebot (www.theater-im-leben.de).

Wie ein Weiler vor fast 400 Jahren ausgelöscht wurde

In den Jahren von 1632 bis 1634 soll die Pest in Kemnat im Wittelsbacher Land gewütet haben. Ein Kreuz erinnert daran. Den letzten Bewohner ereilte dann ein tragischer Unfall

von Claudia Bammer

Im äußersten östlichen Zipfel des Wittelsbacher Landes liegt Kemnat. Vier Landkreise stoßen dort aneinander: Aichach-Friedberg, Dachau, Pfaffenhofen an der Ilm und Neuburg-Schrobenhausen. Der Weiler Kemnat, der zur Gemeinde Schiltberg gehört, hat gerade mal 30 Einwohner (Stichtag: 31.12.2012). Dabei waren es der Überlieferung nach schon einmal weit weniger: nämlich Null. Es war die Pest, die Kemnat vor fast 400 Jahren ausgelöscht hat. Fast. Denn ein Einwohner hat der Sage nach die Pest überlebt. Er, der letzte Kemnater, soll dann einem tragischen Unfall zum Opfer gefallen sein. Es war um das Jahr 1632, während der Dreißigjährige Krieg tobte. Damals soll die Pest die Bewohner dahingerafft haben. Der erste Hof, gleich links, wenn man von Schiltberg über Ruppertszell und Wundersdorf nach Kemnat kommt, hat eine lange Geschichte. Seit 1280 ist das Gehöft mit dem Hausnamen „Schalk" nachgewiesen, ebenso der „Strohbauer" (ehemals Familie Schnell, heute Furtmair), ein Stück weiter an der Dorfstraße. Die Bewohner, die der Pest zum Opfer fielen, sollen im Wäldchen nahe beim „Schalk" beerdigt worden sein. Daran erinnert dort noch heute ein geschmiedetes Pestkreuz aus dem Jahre 1790, das dort steht. Die Inschrift lautet: „Pestgrab Im Jahre 1632 zur Zeit des 30jähr. Krieges, ist Kemnat

In einem Wäldchen westlich von Kemnat steht das Pestkreuz.

durch die Pest bis auf einen Mann, den Dorfhirten, völlig ausgestorben. Die Bewohner der oberen 3 Höfe wurden wegen der Ansteckungsgefahr nicht in ihren Familiengräbern in Metzenried, sondern hier im Wald beerdigt. Vor Pest, Hunger + Krieg bewahre uns o Herr". Dieser Dorfhirt hat, glaubt man der Sage, die Verstorbenen in dem Wäldchen nahe des „Schalk"-Hofs bestattet und fiel dann selbst einem tragischen Unfall zum Opfer. Ein umstürzendes Scheunentor soll ihn, den einzigen Überlebenden, erschlagen haben. Ob sich das alles tatsächlich so zugetragen hat, weiß niemand so ganz genau, sagt Kreisheimatpfleger Michael Schmidberger, selbst ein Schiltberger. Einen Irrtum kann er aufklären: Das zweite Pestkreuz in Kemnat, das in mehreren Quellen erwähnt wird, ist eigentlich gar keines. Es steht am nördlichen Ortsende am Rande des „Strohbauer"-Anwesens. Dabei handelt es sich aber nicht um ein Pestkreuz, sondern vielmehr um das, um 1940 aufgestellte Grabkreuz einer aufgelassenen Familiengrabstätte im nahegelegenen Junkenhofen, habe er von der Familie erfahren, berichtet Michael Schmidberger. Im Ort erinnert dennoch noch etwas anderes an die schreckliche Krankheit, die Kemnat einmal ausgelöscht hat: Am nördlichen Ortsende – in Sichtweite des „Strohbauer"-Hofs, steht die sogenannte Pestkapelle, erbaut um 1839.

Lage Von der B 300-Abfahrt Aichach-Ost (Kreisstraße AIC 2) oder von Kühbach (AIC 7) nach Schiltberg, Ruppertszell (Wundersdorf), danach Abzweigung links nach Kemnat. Parken bei Familie Breitsameter (Dorfstraße 1, links), rechts zwischen Garagen und Holzschuppen in den rückwärtigen Teil des Hofs, Fußweg an Acker in gerader Linie zum Wäldchen (etwa 90 Schritte), durch Tor ins Wäldchen, etwa 40 Schritte geradeaus.

Wie sich die Nazi-Frauen aufführten

Nach Kriegsende waren im Internierungslager von Göggingen auch Ehefrauen von Nazi-Größen untergebracht. Vor allem diese trieben die Amerikaner schier zur Verzweiflung

von Ina Kresse

Eine der Frauen schlief mit einem Bild von Adolf Hitler im Bett, weil sie als Mädchen dem Führer Blumen überreichte. Sie glaubte die schlimmen Dinge nicht, die man über Hitler sagte. Sie war eine der Frauen, die nach Ende des Krieges im Internierungslager in Göggingen einsaßen. Eine der Frauen, die wegen ihrer Unbelehrbarkeit die Amerikaner schier zur Verzweiflung trieben. Am 28. April 1945 marschierten amerikanische Truppen in Augsburg ein und bereiteten mit Hilfe der „Freiheitsbewegung Augsburg" dem „braunen Spuk" ein Ende. Aber in Göggingen, in der Gegend der heutigen Friedrich-Ebert-Straße, existierte weiterhin ein kleines Drittes Reich für sich. Das ist im Buch „Augsburg und Amerika" nachzulesen. In dem Internierungslager waren 1.500 Nazis untergebracht, darunter rund 600 SS-Schergen aus Dachau und schwäbische Parteifunktionäre.

Spektakulärer war die Belegschaft des Frauenlagers. Ab Juni 1947 befanden sich dort Ehefrauen und Witwen von Nazi-Prominenz. Emmy Göring etwa, Henriette von Schirach und Ilse Heß. Wie in dem Buch zu lesen ist, befand ein amerikanischer Beobachter, dass die Frauen das Hauptproblem seien. Sie arbeiteten nicht mit, würden aber Intrigen ersinnen. Während sich bei den männlichen Lagerinsassen oft Gleichgültigkeit breitmachte, waren die Insassinnen reaktionär. „Diese Frauen verteidigten den Nationalsozialismus bis aufs Äußerste", heißt es. Keine Spur von Reue oder Schuldbewusstsein. Viele hielten sich im Internierungslager weiterhin für etwas

Im Oktober 1946 berichtete die Schwäbische Landeszeitung über das Gögginger Lager.

Besseres. So erregte die Ankunft Emmy Görings in Göggingen Aufsehen. Die zweite Ehefrau des einstigen Reichsmarschalls Hermann Göring wurde bei ihrem Einzug im Lager von anderen Frauen regelrecht gefeiert. Im Übrigen hielten es die Frauen der NS-Parteigrößen für unter ihrer Würde, sich im Lager mit anderen Geschlechtsgenossinnen abzugeben. Emmy Göring und andere sollen einem Artikel der Schwäbischen Landeszeitung zufolge einen Geburtstag in Abendkleidern und mit Champagner gefeiert haben. Die Baracken in Göggingen könnten die fröhlichsten in Nachkriegsdeutschland gewesen sein. Die Entnazifizierung galt als gescheitert. Das Internierungslager entwickelte sich zu einem letzten Reservat für Nationalsozialisten. Die weiblichen Insassen trugen einen wesentlichen Teil dazu bei.
Wie Historikerin Edith Raim in einem Kapitel in „Augsburg und Amerika" schreibt, fand im Sommer 1947 eine Sonnenwendfeier im Lager statt, bei der die Frauen NS-Lieder und -Gedichte sowie germanische Heldensagen rezitierten. Bei einer Adventsfeier soll die ehemalige Chefredakteurin der Zeitschrift NS-Frauenwarte germanische Göttersagen vorgelesen haben. In Räumen wurden Hakenkreuze an die Wände gemalt und Bilder von Hitler und Göring aufgestellt. Das Lager wurde im Mai 1948 geschlossen. Die Insassen kamen frei.

Lage Das Lager befand sich damals am Rande von Göggingen. Heute stehen in dieser Gegend Wohnhäuser im Bereich der Friedrich-Ebert-Straße.
Literatur Den Einblick in das Internierungslager von Göggingen gewährt der 300-seitige Sammelband „Augsburg und Amerika. Aneignungen und globale Verflechtungen in einer Stadt", erschienen im Wißner-Verlag.

Mozart und der Orgelwettstreit

Vor 250 Jahren trafen in Biberbach zwei Wunderkinder aufeinander. Aber nur eines wurde weltberühmt

von Elli Höchstetter

Fast genau 250 Jahre ist der Tag her, als der damals zehnjährige Wolfgang Amadeus Mozart mit einer Kutsche in Biberbach vorfährt. Dort erwartet ihn sein Herausforderer, der zwölfjährige Joseph Sigmund Eugen Bachmann zu einem Orgelwettstreit. Die Buben messen am 6. November 1766 ihre Künste an der Orgel. Wer dabei als Sieger hervorgegangen ist, lässt sich heute nicht mehr nachvollziehen. Das lässt Raum für Spekulation.

Die Orgel, auf der die Wunderkinder spielten, gibt es nicht mehr. Es steht aber fest, dass sich das Instrument in der Biberbacher Wallfahrtskirche befand – vermutlich auf der Empore. Wie es dazu kam, dass Mozart überhaupt nach Biberbach reiste, um sich dort mit Bachmann zu messen, das kann Rainer Duttler erklären. Der 72-Jährige war 37 Jahre lang Chorleiter in Biberbach und spielt dort seit 45 Jahren die Orgel. Er erinnert an die Reise der Mozarts. Im Sommer 1763 hatte sich Leopold Mozart mit seinen Kindern Wolfgang und Nannerl in Salzburg aufgemacht, um über 4000 Kilometer in einer Kutsche durch Westeuropa zu reisen. Im November 1766 spielten sie in der Dillinger Residenz vor dem Augsburger Fürstbischof. Unter den Zuhörern befand sich wohl auch Graf Christoph Moritz Bernhard Fugger, der die Familie Mozart nach Biberbach einlud. An der dortigen Wallfahrtskirche pflegte man in der Barockzeit unter besonderer Förderung der Familie Fugger die Kirchenmusik mit großem Eifer.

Sigmund Eugen Bachmann, der Enkelsohn des Biberbacher Chorregenten und Organisten Franz Joseph Schmöger, war dem Grafen durch seine musikalische Leistung aufgefallen. Mit neun Jahren konnte Bachmann auf dem

Der Mozartweg im Augsburger Land führt auch nach Biberbach: Die Info-Stele erinnert an jenen Orgelwettstreit, der in der Wallfahrtskirche vor 250 Jahren stattfand.

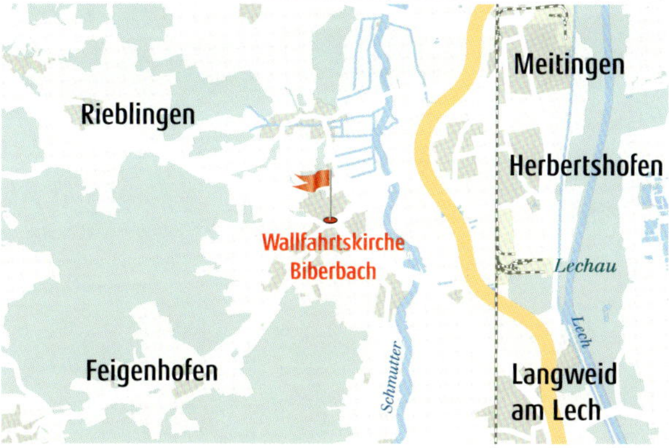

Klavichord mehr als 200 Stücke mit Präzision spielen und selbst Orgelstücke improvisieren. Vermutlich hat Graf Fugger den damals zwölfjährigen Bachmann ermuntert, sich auf den Wettstreit mit dem zwei Jahre jüngeren Mozart einzulassen. Es ist nicht bekannt, wer den Wettstreit gewann. In der „Musikalischen Korrespondenz" erscheint 1790 ein Bericht über das Treffen der beiden jungen Musiker, darin hieß es sinngemäß: Jeder tat sein Äußerstes, um dem anderen den Vorzug streitig zu machen, und für beide fiel der Wettstreit sehr rühmlich aus. Dass dem Vater Leopold Mozart die Begegnung in seinem sonst so akribisch geführten Reisetagebuch keine Silbe wert war, lässt vermuten, dass er nicht damit gerechnet hatte, in dem kleinen Markt Biberbach ein anderes Wunderkind anzutreffen, das durchaus mit seiner Orgelkunst dem jungen Mozart Paroli bieten konnte.
Mozart reiste weiter nach Augsburg. Die beiden Wunderkinder begegneten sich nie wieder. Mozart wird weltberühmt. Joseph Bachmann tritt 1771 in das Prämonstratenserkloster Obermachtal ein, nimmt den Namen Sixtus an und wird schließlich zum Priester geweiht. 1825, also 34 Jahre nach Mozart, stirbt Bachmann im Alter von 71 Jahren. Er hinterlässt viele Kompositionen, Fugen und Klavierwerke. Viele seiner Werke sind heute verschollen, seine Musik wird nicht mehr häufig gespielt.

Lage Die Biberbacher Wallfahrtskirche ist über die B 2 von Augsburg aus in nördlicher Richtung erreichbar (Ausfahrt Biberbach). Das Gotteshaus thront auf einem Hügel an der Ortsdurchfahrt.

Das Geheimnis der unterirdischen Gänge

In Kissing gibt ein jahrhundertealtes Tunnelsystem Rätsel auf. Keiner weiß, wer die Erdställe gebaut hat

von Gönül Frey

Ganz aus Sand bestehen die Erhebungen im alten Ortsgebiet von Kissing. Vor rund 1000 Jahren haben Menschen hier ein umfangreiches Höhlensystem gegraben. Über den Zweck rätseln die Wissenschaftler heute noch. Lange Zeit wussten die Kissinger gar nichts von dem Mysterium, das sich unter ihren Häusern und Kirchen verbirgt. Erst im 19. Jahrhundert wurden die ersten Gänge entdeckt – durch Zufall. Sie waren die Sensation im Ort: Jung und Alt sei durch die frisch entdeckten Höhlen gerobbt, berichtet Hanns Merkl, Coautor des Kissinger Heimatbuches. Aus München reisten sogar die königlichen Ingenieure an, um die unterirdischen Anlagen zu vermessen. Fünf Höhlensysteme wurden gefunden: am Petersberg, Kirchberg, Katzensteig, Fuchsberg und bei Gut Mergenthau.

Die Gänge, die von den Fachleuten als „Erdställe" bezeichnet werden, haben sehr spezielle Eigenschaften. Sie verengen sich immer wieder zu Schlupflöchern, die das Durchkommen erschweren und sie sind – wie bei ähnlichen Anlagen in anderen Orten fundleer. Entsprechend ist eine genaue Datierung schwierig. Sie könnten jedoch nach Meinung der Wissenschaftler ab dem 10. Jahrhundert entstanden sein. Manche vermuten die Ursprünge sogar noch weit früher.

Zuletzt hat sich in Kissing ein Forscherteam vom Institut für Geografie an der Uni Augsburg unter Leitung von Dr. Markus Hilpert mit den Erdställen befasst. Sie haben die Gänge unter dem Petersberg vermessen und ein dreidimensionales, digitales Geländemodell erstellt. An besonders engen oder

Ein Team der Uni Augsburg erforschte die Erdställe im Kissinger Untergrund und wurde dabei von einem Filmteam des BR begleitet.

gefährlichen Stellen war dafür ein Roboter im Einsatz. Die Frage nach dem ursprünglichen Sinn der Erdställe kann auch Hilpert nicht beantworten. „Als Versteck taugt es nicht, die Kammern sind zu klein, für die Flucht auch nicht, denn viele Gänge enden in einer Sackgasse und als Lager sind die Gänge zu feucht", sagte er während seiner Forschungen. Neben der Theorie von Flucht- oder Lagerräumen gibt es die Idee, dass die Erdställe einen kultischen Zweck erfüllten.

In Kissing am besten zugänglich sind heute noch die Höhlen unterm Petersberg. Eine unscheinbare grüne Metalltüre verbirgt den Eingang. Sie ist mittlerweile allerdings immer verschlossen. Den Schlüssel dazu hat alleine der Kissinger Bürgermeister Manfred Wolf – und der lässt niemanden hinein. Zu groß sei das Risiko, meint er. Denn sollten die sandigen Höhlen über einem Besucher zusammenbrechen, wäre eine schnelle Bergung schier unmöglich. Tatsächlich sind die meisten Gänge dieser Art – laut dem Arbeitskreis für Erdstallforschung soll es in Bayern rund 700 geben – nicht für die Öffentlichkeit zugänglich. Forscher Markus Hilpert hat nach seiner Vermessung des Kissinger Erdstalls bereits viele weitere Anfragen erhalten. Er möchte jetzt ein Forschungsprojekt auf die Beine stellen, um noch weitere Höhlensysteme in Bayern zu erkunden.

Lage Von der B2 zweigt man nach Alt-Kissing und sieht schon die Anhöhen. Es lohnt auch ein Abstecher nach Gut Mergenthau, wo sich ein idyllischer Spaziergang anbietet.

Wissenswertes Erdställe faszinieren Forscher und Heimatkundler: Der Arbeitskreis für Erdstallforschung (www.erdstall.de) befasst sich mit Entstehungstheorien und Funden in Bayern. Viele Höhlen gibt es in Österreich (www.erdstallforschung.at).

Haldenburg als Schutz vor den Ungarn

Der Befestigungsanlage in Schwabegg kommt eine besondere Bedeutung zu

von Sebastian Bernhard

Wer heute über das Gelände der Haldenburg läuft, sieht eine von Bäumen überwachsene Hügellandschaft. Vor 1000 Jahren war dieses Areal im heutigen Gemeindegebiet von Schwabegg dagegen nicht bewaldet. Die gut erkennbaren Hügel sind von Menschenhand errichtete Wälle. Im 10. Jahrhundert bot die Fliehburg Schutz vor dem ungarischen Reitervolk, das damals durch ganz Europa zog.

100 Jahre litt Süd- und Südwestdeutschland unter der Bedrohung durch Ungarn. Der Sieg König Ottos I. in der Schlacht auf dem Lechfeld am 10. August 955 markierte den Endpunkt und gab der Geschichte eine entscheidende Wende. Wahrscheinlich ist die Haldenburg gleichzusetzen mit dem in der Biografie des Bischofs Ulrich von Augsburg genannten „Castellum Mantahinga". In diese flüchtete der Bischof 954 in den Wirren der Zeit vor der Schlacht auf dem Lechfeld. Das glaubt auch die Heimatpflegerin des Landkreises Augsburg und stellvertretende Vorsitzende der Gesellschaft für Archäologie in Bayern, Gisela Mahnkopf: „Die Indizien sprechen dafür. Alles passt zusammen."

Denn Bischof Ulrich ließ eine Anlage im 10. Jahrhundert ausbauen und befestigen. Zudem hat sie Merkmale einer frühmittelalterlichen Ungarnschutzburg: Sie besteht aus einer eiförmigen Hauptburg, einer rechteckigen größeren Vorburg und einem südlichen Vorwerk. Durch einen tiefen Graben und einen mächtigen Hauptwall, den sogenannten „Ungarnwall", ist die Haupt- von der Vorburg getrennt. Die Festungsanlage ist über sechs Hektar groß, „schließlich musste die ansässige Bevölkerung mit dem Vieh und

Die Wälle im Wald zeigen den Spaziergängern, wo die Haldenburg bei Schwabegg genau war.

ihrem gesamten Hab und Gut bei einer Bedrohung Platz finden", erklärt Mahnkopf. Vor der westlichen Vorburg befinden sich Annäherungshindernisse, auch Reitergassen genannt, die noch heute im Gelände gut zu erkennen sind. Das Ziel dieser aufgeschütteten Erdrippen war, die Ungarn auf Distanz zu halten, damit sie nicht ihre gefürchteten Pfeilsalven abfeuern konnten. Für die Heimatpflegerin ist es „spannend und faszinierend wie ein Krimi, was man aus dem Boden an Erkenntnissen rausholen kann". Bei Begehungen der Burg nach Stürmen wurden Keramikscherben gefunden, die allerdings aus der Bronze- und Urnenfelderzeit – das heißt aus der Zeit zwischen 1600 bis 800 vor Christus – stammen. Weil die Haldenburg in den Jahrzehnten nach der Lechfeldschlacht aufgegeben wurde, blieb sie gut erhalten. „Die Burg bestand über mehrere Epochen und wir können nur sehen, was zum Schluss war", so Mahnkopf. Verlassen wurde die Burg wohl, weil das Areal für die Ministerialen des Bischofs zu groß war. Diese verlegten ihren Sitz auf den „Weinberg", den heutigen Kalvarienberg in Schwabegg.
Aufgrund ihrer Bedeutung wird die Haldenburg eine Station des Geschichtspfads werden, der die Schlacht auf dem Lechfeld im Augsburger Raum erlebbar machen soll.

Lage Die Haldenburg liegt etwa 800 Meter südwestlich des Schwabmünchner Ortsteils Schwabegg auf einer Randhöhe des Naturparks Westliche Wälder.
Wissenswertes Die Haldenburg ist ein typisches Beispiel einer frühmittelalterlichen Ungarnschutzburg. Die Festungsanlage ist insgesamt über sechs Hektar groß (275 auf 230 Meter). Die Burganlage besteht aus einer eiförmigen Hauptburg, die durch Hauptwall und Halsgraben von der Vorburg abgetrennt ist.

Wo Mönche vor 600 Jahren ihr Bier lagerten

Der Keller einer Gaststätte gab dem Stadtteil Bärenkeller seinen Namen

von Andrea Baumann

Die zwei kleinen Taschenlampen spenden nur spärlich Licht. Doch auch davon abgesehen ist beim Betreten der holprigen, unregelmäßigen Stufen der Wendeltreppe Vorsicht geboten. „Die Menschen waren früher einfach kleiner", sagt Hans Grimminger angesichts der niedrigen Decken. Der leidenschaftliche Amateurhistoriker führt uns dorthin, woher der Stadtteil Bärenkeller seinen Namen hat: in einen mehrgeschossigen Keller unter dem gleichnamigen Gasthof.

Gäste, die das Restaurant besuchen, bleiben über der Erde. Das Kellergewölbe ist öffentlich nicht zugänglich und mittlerweile komplett ungenutzt. Graffiti und Garderobenhaken zeugen von Zeiten, in denen der oberste Bereich als Partyraum diente. Dass damals einiges an Bier geflossen ist, ist anzunehmen. Der Gerstensaft war auch der Auslöser des Kellerbaus – zu einem viel früheren Zeitpunkt.

Augsburger kennen den Verkehrsknotenpunkt Bärenwirt im Stadtteil Oberhausen. Dort hatten nach den Recherchen Grimmingers Mönche vor gut 600 Jahren die Brauerei „Zum goldenen Bären" betrieben. Weil an dieser Stelle keine Lagermöglicheit für das Bier bestand, gruben die Geistlichen etwas weiter stadtauswärts in der Hangkante einer Hochterrasse einen mehrgeschossigen Keller, um dort ihr Gebräu bis zum Umfüllen auf Fässer reifen zu lassen.

Wie lange in dem Keller Bier lagerte, kann Heimatkundler Grimminger nicht genau sagen. Eines weiß er jedoch sicher: Die Geschichte von den Tanzbären,

Heimatkundler Hans Grimminger auf dem Weg in den „Bärenkeller"...

die dort angeblich von reisenden Gauklern untergebracht waren, ist falsch. Immer wieder ärgert er sich, wie viele Menschen sich diesen Bären aufbinden lassen. „Meine Tochter hat das damals sogar aus der Schule mitgebracht, aber sie wusste es besser." Für wahrscheinlicher hält der Stadtteilbewohner, dass sich „Spitzbuben" zeitweilig im Winter in den Gewölben auf der Flucht vor der Polizei einquartiert – und sich dabei das eine oder andere Bierchen einverleibt haben.

Die Wirtschaft über dem Keller, die auf der Anhöhe in der Hirblinger Straße steht, zählt zu den ältesten Gaststätten Augsburgs. Laut Grimminger wurde sie um 1875 erbaut, um den Augsburgern oder den Bürgern des damals selbstständigen Oberhausens ein Ausflugslokal vor den Toren der Stadt zu bieten. Es hieß damals „Bärenburg". Namen und Pächter wechselten im Lauf der Zeit, die Bezeichnung „Gasthof zum Bärenkeller" erinnert heute wieder an die Ursprünge.

Die Geschichte des Stadtteils Bärenkeller begann erst 1932, als der Stadtrat beschloss, im Nordwesten Augsburgs sogenannte Reichsheimstätten zu erstellen. Die ersten Häuser entstanden im Norden, wenig später auch im Süden. Heute besteht der Stadtteil aus fünf Siedlungen mit rund 7700 Bewohnern.

Lage Die ehemaligen Bierkeller, die dem Bärenkeller ihren Namen gaben, befinden sich im Norden des Augsburger Stadtteils in der Hirblinger Straße 181 unterhalb des „Gasthofs zum Bärenkeller".
Wissenswertes Die Keller wurden gebaut, weil es in der Nähe der dazugehörigen Brauerei „Zum goldenen Bären" in Oberhausen keine Lagermöglichkeiten gab. Die Interpretation, dass im Keller gehaltene Bären dem „Bärenkeller" ihren Namen gaben, ist falsch.

Wie ein Findelkind den bösen Schneider veränderte

Die Mühle in Reischenau hat eine jahrhundertelange Tradition. Eine Sage erzählt von einer Tragödie

von Manuela Bauer

Die Zusam plätschert, die Sonne strahlt: Das Örtchen Reischenau liegt idyllisch inmitten von Feldern ganz am Rand des Landkreises Augsburg. Kaum zu glauben, dass hier eine solche Tragödie passiert sein soll: Ein Findelkind soll einst einen bösen Schneider gerettet und sein Leben verändert haben. Das Mädchen allerdings ertrank in den Fluten. So jedenfalls heißt es in der Sage vom „Jüngferlein von Reischenau".

Wie viel Wahrheit in der Geschichte steckt und wann sie entstanden ist, ist schwer zu sagen, sagt Walter Pötzl. Denn Sagen und Legenden wurden oft sehr lange mündlich weiter gegeben, bevor sie niedergeschrieben wurden, betont der ehemalige Kreisheimatpfleger. Die Sage aus Reischenau haben Schüler des Neusässer Gymnasiums 2011 entdeckt und veröffentlicht. Sie geht so: Eines Tages fand die Müllerin in ihrem Garten einen Korb, in dem ein Baby lag. Sie nahm es auf, zog es groß und liebte es wie ihr eigenes Kind. Einige Jahre später kam ein Schneider vorbei. Er versuchte, das Herz des Mädchens zu erobern. Dieses aber mochte den Handwerker nicht, denn er war unhöflich, eingebildet und frech. Als der Mann wieder einmal auf dem Weg zur Mühle war, hatte die Zusam Hochwasser – und gerade, als der Schneider die Brücke überquerte, brach diese zusammen. Er fiel ins Wasser und kämpfte in der reißenden Strömung um sein Leben. Da kam das Mädchen herbei, stieg in ein Boot und ruderte zu dem Verunglückten. Doch

Die Mühle liegt idyllisch in Reischenau, einem Ortsteil von Dinkelscherben.

als das Mädchen ihn hineinziehen wollte, kippte der Kahn. Die junge Frau wurde vom Sog hinuntergezogen und ertrank in den Fluten. Der Schneider aber überlebte und schluchzte: „Ein Engel hat sich für mich geopfert." Seit jenem Tag war er nicht wieder zu erkennen. Er war ein freundlicher, ruhiger und fleißiger Handwerker geworden.

Ob die Erzählung auf einer realen Begebenheit basiert, ist ungewiss, meint Pötzl. „Einen sozialgeschichtlichen Hintergrund gibt es aber schon." Das Findelkind sei ein häufiges Motiv in Märchen und Sagen, denn immer wieder wurden Säuglinge ausgesetzt, weil sie unehelich geboren wurden oder Familien ihre vielen Kinder nicht mehr ernähren konnten. Der Schneider wiederum galt als arm und hatte einen nicht gerade angesehenen Beruf – kein Wunder also, dass das Jüngferlein sich nicht auf ihn einlassen will. Fest steht jedenfalls: Die Mühle von Reischenau hat eine jahrhundertelange Tradition. 1301 wurde sie erstmals erwähnt, seit 1822 ist sie im Besitz der Familie Gnandt. Helmut Gnandt hat 80 Jahre lang dort gelebt. Die Sage vom Jüngferlein haben ihm seine Eltern immer wieder erzählt. Vor zwei Jahren hat er das Haus seinem Sohn Christian überlassen. Dieser hat die Futtermittelproduktion der Mühle mittlerweile aufgegeben. Statt des Mühlrads dreht sich in der Zusam nun eine Turbine, die Strom erzeugt. Eine Brücke über das Flüsschen gibt es wieder.

Lage Die Reischenau ist ein Ortsteil der Marktgemeinde Dinkelscherben. In dem Weiler stehen etwa ein Dutzend Häuser und eine Kapelle. Er liegt ganz am westlichen Rand des Landkreises Augsburg, etwa 30 Kilometer von Augsburg entfernt.
Wissenswertes Schüler des Neusässer Justus-von-Liebig-Gymnasiums haben 2011 im Rahmen eines Projektseminars in Familien- und Geschichtsarchiven recherchiert und haben dabei auch die Sage aus Reischenau veröffentlicht.

Kein Ufo, sondern ein Flachland-Leuchtturm

Wofür das Drehfunkfeuer „Walda“ da ist und warum sein Name in die Irre führt

von Christian Lichtenstern

Für Geocacher, also die Schnitzeljäger der GPS-Zeit, ist es ein beliebtes Versteck. Logisch, das Objekt auf freier Flur unweit des kleinen Pöttmeser Ortsteils Pertenau sieht aus der Ferne aus wie sich unsereins ein Ufo vorstellt – rund, kreisförmig, mit merkwürdigen Antennen dran. Wer näher kommt, stellt schnell fest, dass da Menschenhand am Werk war und dass die eingezäunte technische Anlage gar nicht mehr so ganz Hightech ist. Steht ja auch schon ein paar Jahre da im Wittelsbacher Land: das Drehfunkfeuer „Walda“. Warum es so heißt, dazu später mehr. Wozu es da ist? Nun, das Ding ist sozusagen ein „Leuchtturm“ für die Luftfahrt. Das Drehfunkfeuer sendet ein Funksignal ab, das ein Empfänger in Flugzeugen auswertet und vom Piloten als Richtungsinformation auf einem Anzeigegerät abgelesen werden kann. Mit der Rundum-Funkortung weist das „Feuer Walda“ Fliegern aus aller Welt den richtigen Weg. Die Technik gibt es seit über 100 Jahren. Zunächst dienten sie der Navigation von Luftschiffen, also den Zeppelinen. Die damaligen Flugzeuge waren noch nicht mit der Empfangstechnik ausgestattet. In Deutschland wurden die meisten Anlagen in den 1950er-Jahren in Betrieb genommen. Rund 60 sind über die ganze Republik verteilt. Mittlerweile sind die Drehfunkfeuer aber nicht mehr Stand der Technik in der Flugnavigation. Seit rund zehn Jahren werden die Anlagen abgebaut.

Das Drehfunkfeuer „Walda“ bei Pertenau im Wittelsbacher Land ist sozusagen ein Leuchtturm für die Luftfahrt.

Es sollen aber einige stehen bleiben, damit bei Ausfall der modernen Systeme immer noch ein erdgebundener Ersatz für die Flugortung zur Verfügung ist. In Südbayern stehen Drehfunkfeuer bei Kempten, Maisach bei Fürstenfeldbruck, Poing östlich von München und eben bei Pertenau. Letzteres hat eigentlich jahrzehntelang im Dornröschenschlaf gelegen. Größeren Bekanntheitsgrad hat die Anlage durch ganz andere Projekte bekommen. Windkraftgegner sind „Walda"-Fans. Das Drehfunkfeuer im Pöttmeser Ortsteil hat schon mehrere Windräder verhindert. In Holzheim (Kreis Donau-Ries) scheiterte schon vor Jahren ein Projekt (15 Kilometer Luftlinie entfernt) am Luftamt. Auch die Bauvoranfrage für zwölf Anlagen zwischen Pöttmes und Ehekirchen wurden wegen Einsprüchen der Flugsicherung erst vor Kurzem zurückgezogen.
Bleibt die Frage, warum das Teil „Walda" heißt. Ortskundige wissen, dass sich ein kleiner Ortsteil der Pöttmeser Nachbargemeinde Ehekirchen so nennt. Eigentlich müsste es doch Pertenau oder Grimolzhausen heißen, die direkt daneben liegen. Bevor jetzt landläufige Verschwörungstheorien („Das ist ein Spionageteil des BND") um sich greifen, hier die einfache Auflösung: Walda ist englisch wesentlich einfacher auszusprechen als Pertenau.

Lage Das Funkfeuer „Walda" liegt nördlich des Pöttmeser Ortsteils Pertenau im Kreis Aichach-Friedberg.
Beschreibung Die Funkanlage ist ein rundes Gerüst aus Drahtgeflecht mit einem Durchmesser von über 30 Metern. Aus ihm ragen 40 kreisförmige Antennen nach oben und darunter steht das Herzstück der Anlage – der Sender.
Wissenswertes Ein Drehfunkfeuer ist eine Funkanlage auf dem Boden, die Signale an Flugzeuge sendet. Piloten können so die Position ihres Flugzeuges im Luftraum bestimmen.

Kreuz, Kelch und ein Zahn von Bischof Ulrich

Die Hinterlassenschaften des Heiligen und andere Reliquien ruhen in der Heiltumskammer der Basilika

von Miriam Zissler

Anton Holzmüller, Mesner der Basilika St. Ulrich und Afra, kennt die Heiltumskammer in- und auswendig. Er sperrt den besonderen Raum für Besuchergruppen auf, er ist es, der spezielle Reliquien zu bestimmten Anlässen aus den Schaukästen herausholt. „Aber eines fasziniert mich besonders. Fast in jeder Nische ist ein Kamm", sagt er. In der Tat: Während auf der einen Seite ein vergleichsweise schlichter Doppelkamm, der Konradkamm, zu sehen ist, ein anderer Gegenstand ebenfalls klar durch seine Zähne als Kamm identifiziert werden kann, lenkt ein besonderes Exemplar alle Blicke auf sich – der Ulrichskamm. Der Doppelkamm – vermutlich im 12. Jahrhundert in Süditalien gefertigt – besitzt auf jeder Seite ein vertieftes Bildfeld, auf der jeweils eine Kampfszene dargestellt ist. Das Elfenbeinstück wird traditionell als Kamm des hl. Ulrich angesehen, obwohl er wegen seiner Entstehungszeit nicht mit dem historischen Ulrich in Verbindung stehen kann. Dennoch ist die Verwendung liturgischer Kämme auch fürs 10. Jahrhundert bezeugt. So soll sich Ulrich nach dem Anlegen der bischöflichen Gewänder mit solch einem Kamm seine Haare gerichtet haben.

Gezeigt wird in der Kammer im Seitenschiff ein bedeutender mittelalterlicher Reliquienschatz. Seinen Kern bilden die Reliquien von Bischof Ulrich (923–973), die als Beigaben in seinem Grab gefunden wurden. 210 Jahre nach seinem Tod wurde dieses 1183 in Anwesenheit von Kaiser Friedrich Barbarossa geöffnet. Man barg seinen Pontifikalornat, also Gewänder und

Normalerweise liegt die Heiltumskammer in St. Ulrich und Afra im Dunkeln. Aber auf Anfrage kann man die wertvollen Kirchenschätze in den Vitrinen besichtigen.

Messkelch. Die Inschrift auf dem Kelchfuß besagt, dass er auf der Brust des Bischofs gefunden worden war, wenn auch damals wohl noch in einem kleineren Format. Eine Kette, an der ein mit Silber ummantelter und mit einem Bergkristall verzierter Zahn des Bischofs zu sehen ist, hing früher an dem Kelch, der auch heute noch in Gebrauch ist. „In der Ulrichswoche wird der Messkelch verwendet", sagt Holzmüller. Zu dem „Kirchenschatz" gehört vor allem auch ein Gegenstand: das Ulrichskreuz, das man auch bei geschlossener Heiltumskammer durch ein kleines Fenster in der Tür sehen kann. Der Überlieferung nach soll es einen Splitter des Kreuzes Christi enthalten. Das Siegkreuz habe Bischof Ulrich bei seinem Ausritt zur Lechfeldschlacht (955) begleitet, heißt es. Er überwachte persönlich die Verteidigung des Osttors der Stadt. Im Nachhinein wurde das schlichte Holzkreuz in kostbare Fassungen eingelassen. „Neben der Ulrichswoche wird das Kreuz auch bei Trauergottesdiensten von unseren Pfarreimitgliedern verwendet", sagt Anton Holzmüller. Die Heiltumskammer war 2004 eröffnet worden – davor war eine Abstellkammer. Mit der Kammer wurden die Reliquien zusammengeführt, die zuvor an unterschiedlichen Orten der Basilika untergebracht und teilweise für die Öffentlichkeit gar nicht zugänglich waren.

Lage Die päpstliche Basilika wurde ab 1474 im Stil der Spätgotik auf einem Gelände errichtet, das bereits ab dem 8. Jahrhundert Kirchenbauten aufwies – entstanden aus Wallfahrten zur Verehrung der hl. Afra († 304). Der Augsburger Bischof Ulrich wurde 973 in der Nähe Afras beigesetzt.
Führungen Ein Zutritt zur Heiltumskammer ist auf Anfrage im Pfarramt St. Ulrich und Afra möglich, Telefon 0821/345560.

Ein Baum, der aus Blut gewachsen ist

Die Sage von der Friedberger Blutföhre ist schaurig. Heute liegt ihr Stamm in einer Lagerhalle

von Sebastian Mayr

Das von der spektakulärsten Sage umwobene Stück von Friedberg liegt gerade in einer Lagerhalle in der Stadt. Beim Umbau des Wittelsbacher Schlosses im März 2015 wurden die Ausstellungsstücke des Museums verpackt – und zogen um. So auch der Stamm der Blutföhre. Der Baum erinnert an eine schaurige Geschichte aus dem Mittelalter. Ein Schriftsteller hat sie zu einem Volksschauspiel verarbeitet und erst kürzlich ließ sich eine Autorin zu einem spannenden Mittelalterroman anregen.

Die Geschichte der Blutföhre ist eine, die von der Liebe und vom Unrecht handelt. Gewachsen sein soll die Föhre aus dem Blut des jungen Grafen Ulrich von Mering, der in Friedberg geköpft wurde. Wegen eines Mordes, den der eifersüchtige Raubritter Hans von Eurasburg Ulrich in die Schuhe geschoben hat. So erzählt es die Sage. Ob sie einen wahren Kern hat, weiß bis heute keiner. Fest steht nur: Die Föhre hat eine lange Zeit und auch schwere Phasen überstanden. Sie stand bis zum Ende des Zweiten Weltkriegs auf dem Köpfhäusl und wurde dann gefällt. Wohl, um verheizt zu werden. Angesägte Reste wurden aber für das Museum gerettet.

Ulrich von Mering liebte die schöne Agnes von Hardenberg, eine Nichte des Schlosspflegers von Friedberg. Der missgünstige Hans von Eurasburg schickte einen Diener oder Spießgesellen los, der dem Ulrich einen kostbaren Dolch mit dessen Wappen stahl. Wenig später lag Agnes' Onkel, der Schlosspfleger Konrad, tot im Wald. Erstochen, mit Ulrichs Dolch in der Wunde. Der Meringer

Dieses Foto aus der Zeit um das Jahr 1900 zeigt das Köpfhäusl und die darauf wachsende Blutföhre. Das Köpfhäusl steht noch, die Föhre liegt momentan im Lager des Museums.

Graf beteuerte seine Unschuld, vergebens. Er wurde zum Tod verurteilt. An der Hinrichtungsstätte, dem Köpfhäusl beim Schloss, rief Ulrich noch: „Meine Seele ist rein! Aus meinem Blute soll hier eine Föhre wachsen zum Zeichen meiner Unschuld!" Der Henker ließ sein Schwert nach unten sausen. Auch Ulrichs große Liebe Agnes starb kurz darauf. Aus Gram, sagt die Legende. Beide fanden in der Meringer Schlosskapelle die letzte Ruhe. Und während der wahre Mörder nie bestraft wurde, wuchs auf dem Köpfhäusl eine Föhre mit einem blutroten Stamm. Das Volksschauspiel über die „Föhre von Friedberg" wurde 1929 auf dem Volksfestplatz an der Aichacher Straße uraufgeführt und bis zum Jahr 1934 gespielt. Eine modernere Interpretation der Legende stammt von Monika Pfundmeier. Die Schriftstellerin hat historische Ereignisse und den Stoff der Sage zu einem Roman verwoben und sich dabei auch von der Buch- und TV-Serie „Game of Thrones" inspirieren lassen.
Wo die Reste des Stamms in Zukunft ihren Platz finden werden, ist noch unklar. Im Lager verstauben soll der Stamm der Föhre aber nicht. „Es ist schließlich die spektakulärste Sage rund ums Schloss", heißt es beim Museum. Der geeignetste Ort dafür wäre gewiss das Köpfhäusl, also eben jener Wehrturm, auf dem sie einst gewachsen ist.

Wissenswertes Das Schloss wurde um 1257 errichtet und wird gerade umgebaut. Voraussichtlich Mitte 2018 soll das dann neu gestaltete Museum im Inneren des Schlosses wieder öffnen. Es zeigt Stücke aus der Vor- und Frühgeschichte der Stadt und aus der ländlichen Kultur, Friedberger Uhren und Fayencen. Auch der Stamm der Blutföhre soll in die Ausstellung integriert werden.
Literatur „Die Blutföhre" von Monika Pfundmeier, 13,90 Euro, www.monika-pfundmeier.com.

Jeder Start kostete 80.000 Dollar

Die Militärgeschichtliche Sammlung Lechfeld zeigt Skurriles und Rekorde aus der über 150-jährigen Historie

von Michael Lindner

Mit mehr als dem zweifachen seines Körpergewichts wird der Pilot beim Start in seinen Sitz gepresst. In nur acht Sekunden beschleunigt das Kampfflugzeug, die Lockheed F-104 G „Starfighter", von 0 auf 500 Stundenkilometer. Doch das Besondere an diesem Flug im Jahr 1966 auf dem Militärgelände im Lechfeld ist der Start. Es war der erste sogenannte Nullstartversuch Europas. Das Kampfflugzeug benötigte keine Startbahn, sondern wurde mithilfe einer Zusatzrakete aus einem speziellen Gestell heraus in die Luft katapultiert. Insgesamt sieben solcher Raketenstarts gab es auf dem Lechfeld, erzählt Werner Bischler, der die Militärgeschichtliche Sammlung Lechfeld (MGS) betreut. Kostenpunkt pro Abschuss: rund 80.000 Dollar.

Der Hauptmann außer Dienst ist einer der Initiatoren des im Sommer 2008 eröffneten Museums, welches die Entwicklung des Militärs von 1859 bis heute zeigt. Die MGS wurde anlässlich des 50-jährigen Bestehens des Jagdbombergeschwaders 32 eröffnet. Mehr als 19.000 Besucher waren seitdem im Museum, das auf vier Gebäude zuzüglich Außenflächen verteilt ist.

Neben imposanten Ausstellungsstücken wie Triebwerken oder der Gasmaskenbrille von Leutnant Johann Fugger erfahren Besucher auch skurrile Geschichten. So kamen im Zuge des Deutsch-französischen Krieges 1870/71 mehrere französische Soldaten in deutsche Kriegsgefangenschaft – unter

Dieser Starfighter wird mittels einer Zusatzrakete aus einem Katapult gestartet. Die Versuche begannen im Jahr 1966.

anderem auch auf dem Lechfeld. Zwei aus Algerien stammende Soldaten, sogenannte Turkos, wollten weder auf dem katholischen noch auf dem protestantischen Friedhof beigesetzt werden. Sie wünschten sich, auf einem Feld mit Blick Richtung Osten, also nach Mekka, beerdigt zu werden. Ein Gedenkstein auf dem Truppenübungsplatz weist auf die 1871 gestorbenen zwei Soldaten hin. Eine weitere Tafel beschäftigt sich mit zwei in Lagerlechfeld aufgestellten Geschwindigkeits-Weltrekorden. 1937 flog eine Messerschmitt Me 109 knapp 611 Stundenkilometer, zwei Jahre später wurde der Rekord mit einer Me 209 V-1 gar auf 755 Stundenkilometer verbessert.
Deutlich schneller soll sechs Jahre später Hans Guido Mutke unterwegs gewesen sein. Der auf dem Lechfeld gestartete Pilot könnte den ersten Überschallflug der Geschichte erzielt haben – das bedeutet, dass er schneller als 1000 Stundenkilometer geflogen sein müsste. Der Zeiger des Geschwindigkeitsmessers war nach Aussage des Piloten hinter der letzten Markierung, die Tempo 1000 anzeigt. Nachweisen lässt sich der Überschallflug nicht, da die Maschine keinen Flugschreiber besaß.

Wissenswertes 1858 diente der Standort als königlich bayerischer Truppenübungsplatz, 1912 gilt als die Pionierzeit des Flugwesens, 1919 gab es keine militärische Verwendung, ab 1933 wurde die MGS als Fliegerhorst genutzt, ab 1946 war der Standort unter amerikanischem Besatzungsstatus und seit 1956 wird die Militärgeschichtliche Sammlung Lechfeld von der Bundeswehr genutzt.
Besichtigungen Die Militärgeschichtliche Sammlung Lechfeld (MGS) hat jeden ersten Sonntag im Monat von 11 bis 17 Uhr sowie nach Vereinbarung geöffnet. Der Eintritt ist frei, Zutritt über die Hauptwache der Lechfeldkaserne.

Als der Teufel Luther den Weg wies

1518 besucht der Reformator Augsburg. Er tut es unfreiwillig und flieht bei Nacht und Nebel

von Nicole Prestle

Sein Augsburg-Besuch war fast ein Geheimnis: Kaum einer aus dem Volk hatte in jenem Oktober 1518 bemerkt, dass Martin Luther sich in der Stadt aufhielt. Wen also wundert's, dass der Reformator ebenso still wieder verschwand? In einer Montagnacht suchte er das Weite. Der Teufel persönlich, so die Legende, habe Luther mit den Worten „Da hinab!" den Weg durch ein Tor in der Stadtmauer gewiesen. Dem Reformator rettete diese Flucht das Leben; Augsburg bescherte sie eine Geschichte, die im Lutherjahr 2017 sicherlich öfter erzählt wird.

Luther war damals nicht gerne nach Augsburg gereist. Seine Ängste hielt er später mit diesen Worten fest: „Mein Gefühl war: Nun muss ich sterben. Und ich stellte mir den hochgeschichteten Scheiterhaufen vor Augen (...)." Die letzten Kilometer konnte der Kirchenmann nicht mehr zu Fuß zurücklegen; erschöpft legte er sich auf einen Getreidekarren, der ihn am 7. Oktober 1518 durchs Wertachbrucker Tor in die Stadt fuhr. Gut ein Jahr vorher hatte Luther seine 95 Thesen gegen den Ablasshandel an die Tore der Wittenberger Schlosskirche genagelt und dadurch ein Erdbeben im Deutschen Reich sowie in Rom ausgelöst. Die katholische Kirche bezichtigte ihn der Ketzerei und eröffnete ihm den Prozess. Würde er nicht widerrufen, würde er sterben.

Seine Anhörung fand in Augsburg statt. Kaiser Maximilian I. hatte für 1518 einen Reichstag dorthin einberufen. Luther sollte dem päpstlichen Gesandten Kardinal Thomas Cajetan Rede und Antwort stehen und seine Thesen zurücknehmen. Das Duell der Theologen findet am 12., 13. und 14. Oktober 1518 in den Fuggerhäusern in der Maximilianstraße statt. Cajetan will

Eine kleine Tafel nahe des Stephinger Bergs erinnert an das Tor, durch das Luther 1518 aus der Stadt Augsburg geflohen sein soll.

Luther zum Widerruf zwingen, doch dieser bleibt stur. Dokumente belegen, dass die Auseinandersetzung heftig verlief. Es sei geschrien worden und lautstark gerungen. Als Luther am dritten Tag einfach den Raum verlässt, schreit Cajetan ihm hinterher: „Ich will mit dieser Bestie nicht mehr sprechen, denn er hat tief liegende Augen und wunderliche Spekulationen in seinem Kopf." Tage später lässt Luther auch in Augsburg Schriften anschlagen: Sein Notar hängt ein Schreiben Luthers an den Papst am Domportal aus. Alle Welt soll erfahren, in welche Schieflage die katholische Kirche geraten ist. Doch am Tag, als die Schriften ans Domportal gehängt werden, hat Luther Augsburg schon verlassen. Wie die Flucht ablief, blieb ein Geheimnis. Freilich war es nicht der Teufel, der ihm half. Historiker nehmen aber an, dass Luther einen Unterstützer im Sohn des Bürgermeisters hatte: Christoph Langenmantel soll seine Kontakte zu den Wachen genutzt haben, um dem Reformator eine Pforte in der Stadtmauer offenzuhalten.
Doch wo liegt diese Pforte, die bis heute „Da hinab" genannt wird? Historiker sind sich nicht sicher. Sie könnte sich am Alten Einlass, also in der Nähe des heutigen Theaters, befunden haben. Sie könnte das Klinkertor gewesen sein oder ein Tor am Gallusbergle. Dort immerhin weist eine Gedenktafel auf die heimliche Flucht Luthers hin.

Führungen In Augsburg werden zahlreiche Veranstaltungen zu diesem Thema angeboten. Auch Führungen auf den Spuren Luthers gibt es (Info unter 0821/2185543). Mithilfe einer Smartphone-App können Interessenten auch auf „Lauschtour" durch Augsburg gehen und die Lutherstätten so auf eigene Faust erkunden.
Literatur Viele Fakten zu Luther und zur Reformation bieten die Bücher „Luther und Augsburg" von Andrea Bartl und Bernd Wißner sowie das Buch „Glaube. Hoffnung. Hass." von Martin Kluger, der die Konflikte der Reformation erklärt.

War's ein Rudel Wölfe oder ein tollwütiger Hund?

Eine tragische Legende rankt sich um ein Marterl bei Aystetten. Es könnte auch anders gewesen sein

von Gerald Lindner

Er ist mysteriös und sein Name wirkt wenig vertrauenerweckend: der „Blutige Herrgott". Das gleichnamige Marterl steht auf einer Anhöhe im Adelsrieder Forst oberhalb der Gemeinde Aystetten. Heute ist hier ein geräumiger Platz. Doch der Legende nach trug sich an dieser Stelle Schauerliches zu.

Denn einer Überlieferung nach soll genau an dieser Stelle vor rund 200 Jahren ein Rudel Wölfe eine Bäuerin mit ihrer Tochter getötet haben. Diese Legende erwähnt auch der Dichter Ludwig Ganghofer (1855–1920) in den Erzählungen über seine Kindheit. Denn er verbrachte einige Zeit im Augsburger Land, während sein Vater als Förster in Welden beschäftigt war. Ganghofer schwärmt von den dichten Fichtenwäldern des Adelsrieder Forstes und bemerkt dann: „Kommt man auf der schwäbischen Poststraße von Augsburg her, so versinkt die Straße in dunklen Fichtenwäldern, die fast kein Ende nehmen wollen. In der Mitte des Waldes stand ein Kreuz; da wurden vor 100 Jahren eine Bäuerin und ihre Tochter von Wölfen zerrissen."

Doch die Geschichte ist nicht so klar, wie Ganghofer annimmt, schreibt der frühere Kreisheimatpfleger Prof. Walter Pötzl in seinem Buch „Kreuze, Bildstöcke und Feldkapellen" (Augsburg 1996). „Man darf davon ausgehen, dass ein solcher Fall in den Sterbematrikeln erwähnt würde." In denen der Gemeinde Aystetten von 1734 bis 1850 finde sich aber kein Hinweis. Die Matrikel von

Wer zum „Blutigen Herrgott" von Aystetten will, braucht etwas Kondition: Denn der Weg zu dem Marterl im Wald geht ordentlich bergauf.

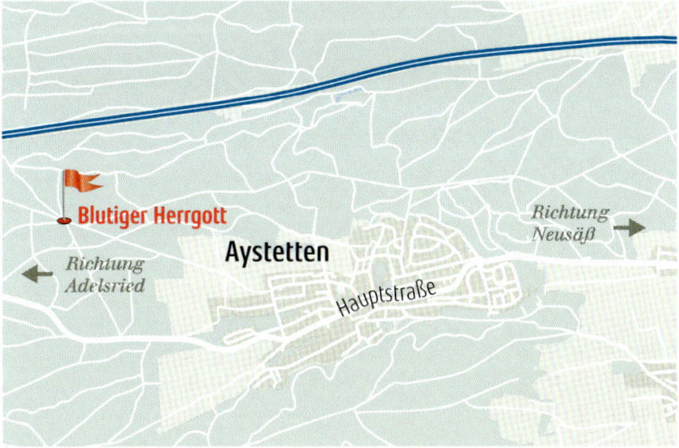

Adelsried berichten allerdings, so Pötzl, vom Tod der Maria Grueber, die von einem tollwütigen Hund gebissen wurde und nach sechs Wochen starb. Dieser Vorfall könnte der Ausgangspunkt der Erzählung sein. Der Weg, der von der Aystetter Kirschallee aus gut zwei Kilometer in Richtung Adelsried führt, heißt bis heute ab dem Waldrand „Wolfsgraben". Auch hier findet sich wieder ein Hinweis auf die blutige Geschichte dieses Orts.
Ein bisschen Puste braucht man schon auf dem Weg zum „Blutigen Herrgott" nordwestlich von Aystetten. Denn vom Ausgangspunkt geht's zum einen in den Wald, zum anderen auch flott bergauf. Ziemlich schnell bleiben die auf Grundstücken mit großen Grünflächen stehenden Häuser zurück, die Mauern weichen alten Bäumen am Weg. Ein breiter Platz öffnet sich beim „Blutigen Herrgott", dessen Kopf auf einem Wegkreuz mit dicker Ölfarbe angestrichen ist. Eine Tafel verweist auf die von Ludwig Ganghofer berichtete Sage. Inzwischen lädt ein überdachter Unterstand den Wanderer zur Brotzeit ein.
Ungefähr einen Meter weiter entfernt liegt die Schwefelquelle. Das kühle Nass läuft in ein massives Steinbecken und mündet in einen kleinen Bach, um bald darauf in die Schmutter zu fließen. Das Quellwasser enthält aber keinen Schwefel. Warum, ist ebenso rätselhaft…

Lage Auf einer Anhöhe nordwestlich von Aystetten im Adelsrieder Forst. Der Pfaffenberg-Parkplatz kurz vor der Ortseinfahrt ist ein geeigneter Ausgangspunkt für einen Waldspaziergang oder Nordic-Walking-Touren. Von dort erreicht der Wanderer nach 3,4 Kilometern den „Blutigen Herrgott". Nahe gelegen ist der Aystetter Walderlebnispfad.
Tipp Auf dem Weldenbahnradweg kommt man gut von Neusäß aus nach Aystetten.

Mord am Mesnerpaar und ein Pudel mit feurigen Augen

Um die Wallfahrtskirche St. Jodok bei Haunswies ranken sich Geschichten und Sagen

von Claudia Bammer

Ihre Lage ist idyllisch. Die kleine Wallfahrtskirche St. Jodok liegt am Waldrand, etwa einen Kilometer außerhalb des Affinger Ortsteils Haunswies gleich neben der Straße, die nach Igenhausen (Gemeinde Hollenbach) führt. Doch um das Kirchlein ranken sich mehrere gruselige Geschichten und Sagen. Kirchenpfleger Peter Echter kennt sie alle. Da ist zum Einen die Geschichte von dem älteren Mesner-Ehepaar, das am Karfreitag des Jahres 1870 mit einer Axt brutal erschlagen wurde. Das Paar lebte in der Klause, die damals noch an die Kirche angebaut war. Damals wurde vermutet, es könnte sich um einen Racheakt gehandelt haben: Der Mesner war zugleich auch Waldaufseher. Er könnte seinen späteren Mörder „erwischt" haben, wurde gemunkelt. Er inspirierte später den Augsburger Buchautor Arno Loeb. Sein Krimi „Jodok" erschien unter dem Pseudonym Peter Garski 2009. Gleich mehrere Sagen drehen sich um den Pudel, den das Mesner-Ehepaar besessen haben soll. Nach dem Mord hieß es, dass in der Gegend der Joaspudel „umgehe", also spuke. Dieser soll mehrfach Menschen erschienen sein und sie in Angst und Schrecken versetzt haben. Da gibt es zum Beispiel die Geschichte von den Musikanten aus Griesbeckerzell. Sie begegneten dem Pudel auf dem Heimweg. Der Hund saß an der Abzweigung nach Schreitbach. Zwar tat er den Menschen nichts, doch er wuchs und wuchs, bis er ebenso groß war wie sie. Schlimm ausgegangen sein soll seine Spottlust für

Um die Wallfahrtskirche St. Jodok ranken sich mehrere gruselige Geschichten und Sagen.

einen Bauern aus Igenhausen. Er soll sich über die Spukgeschichten um den Joaspudel lustig gemacht haben. Der Sage nach wurde er eines Tages tot auf der Straße bei St. Jodok gefunden – mit durchgebissener Kehle. Eine andere Geschichte erzählt von einem Bauern aus Igenhausen, der dem Pudel auf dem Weg nach Augsburg begegnet sein soll. Von Igenhausen her geht der Weg durch einen Hohlweg bergauf. Als der Bauer mitten im Hohlweg war, kam der Sage nach plötzlich ein Pudel mit feurigen Augen und sprang auf den Wagen. Die Pferde schwitzten und wollten nicht mehr gehen. Der Pudel ließ sich nicht vertreiben. Erst als das Fuhrwerk an die Jodokkirche kam, verschwand der Pudel. Der Bauer konnte leichter weiterfahren. Eine andere Sage bezieht sich auf den nahegelegenen, mittlerweile verlandeten Jodoker Weiher. Dort sollen, erzählt man sich, in der Walpurgisnacht die Hexen tanzen. Wer das Kirchlein besichtigen will, kann das in der Regel nur von außen tun. 1972 wurde die Kirche bei zwei Einbrüchen ausgeräumt. Zwar ist die Ausstattung seitdem erheblich reduziert, dennoch ist die Kirche normalerweise verschlossen. Geöffnet ist sie nur bei den Bittgängen der Pfarrei Haunswies, denen sich auch die Nachbarpfarreien Igenhausen und Edenried anschließen, und zum Patrozinium, das in der Regel nicht am 13. Dezember, sondern im Herbst gefeiert wird.

Lage Die Wallfahrtskirche St. Jodok an der Kreisstraße von Affing-Haunswies nach Igenhausen wurde Ende des 17. Jahrhunderts erstmals erwähnt. 1730 wurde sie wiederhergestellt und erweitert, 1793 umgestaltet. 1963 wurde eine westlich angebaute Klause abgerissen und die Kirche verlängert. In den 1970er-Jahren wurde nach mehreren Einbrüchen die Innenausstattung reduziert.
Einkehr Gasthof zum Bachwirt in Haunswies, Telefon 0 82 07/9 60 10

Eine Wirtschaft mitten im Wald

Woher der Siebentischwald seinen Namen hat und warum es die Gaststätte nicht mehr gibt

von Ina Kresse

Ein Mauerrest ist noch da, aber längst überwachsen. Die Lichtung gibt es auch nicht mehr. Südlich des Stempflesees, wo die Siebentischstraße in die Ilsungstraße einmündet, hat einst eine Gaststätte zig Ausflügler angezogen. Doch die Siebentischwirtschaft, die auch „Bei den sieben Tischen" genannt wurde, nahm kein gutes Ende.

Blick zurück ins Jahr 1602. An besagter Stelle lebte der städtische Holzwart. Er hatte die Erlaubnis, neben seiner Diensthütte Wanderer im Freien zu bewirten. Dazu stellte er sieben Tische auf. Angeblich durften es auch nicht mehr sein. Laut Wilfried Matzke vom Geodatenamt der Stadt Augsburg wurde somit die Nebentätigkeit des Holzwartes reglementiert. Die Augsburger waren begeistert von dem Ausflugsziel, wo auch Bier gezapft wurde. Bis 1809, so weiß Historiker Franz Häußler, war das Gebäude die Dienstwohnung des Holzwarts. Dann wurde es samt Areal an privat verkauft. Den Ausflüglern war es egal, wem die Wirtschaft gehörte. „Man befindet sich mitten im Walde und hat nur eine Aussicht auf die Haunstetter Straße. Es ist vorzüglich bey schwülen Sommertagen wegen dem reichlichen Schatten ...", hat ein Friedrich Loe im Jahr 1827 geschrieben. Erst 1907 erwarb Augsburg die Wirtschaft zurück. Ein Jahr später wurde ein stattlicher Neubau in Auftrag gegeben, berichtet Häußler. 1909 war Einweihung. Bei sieben Tischen blieb es natürlich nicht. Es gab auch einen Kinderspielplatz. Das Ausflugsziel war bei den Bürgern so beliebt, dass die Siebentischwirtschaft

Der „Siebentischwald" hat den Namen durch die einstige Nebentätigkeit eines Holzwartes. Das Bild entstand um 1740.

ab 1920 sogar an den Nahverkehr angeschlossen wurde. Ein Stichgleis der Tramlinie 4 wurde von der Südseite der Ilsungstraße von der Nagelschmiede bis an den Waldrand verlegt. Die Wendeschleife verlief durch die Wiesen. Auf der Tafel der Tram war „Siebentisch" angeschrieben. 19 Jahre später wurde der Service eingestellt.

Historiker Häußler berichtet von dem traurigen Ende der Waldwirtschaft 1944. „Bombenfehlwürfe bei Angriffen auf die Messerschmittwerke und den nahen Flugplatz trafen das Gebäude. Es gab Tote und Verletzte." Nach dem Krieg wurde die Ruine beseitigt, das Areal aufgeforstet. In Kindheitserinnerungen, die Augsburger niedergeschrieben haben, spielte die Gaststätte eine große Rolle bei Sonntagsausflügen. Georg Häußinger schrieb: „Der Andrang war manchmal so groß, dass sich die Besucher bis in den Wald hinaus ausbreiteten." Heinrich Richter berichtete vom cholerischen Wirt „Herr St." Dieser habe für einen Festtag viele Lebensmittel besorgt. Doch es regnete, die Gäste blieben aus. Wütend schleuderte er ein Kruzifix in einen Waschkorb voller Würste und schimpfte. Er musste wegen Gotteslästerung einige Wochen in Haft.

Lage Die Siebentischwirtschaft stand an der Einmündung der Siebentischstraße in die Ilsungstraße südlich des Stempflesees. Die Straßen gibt es noch, die Wirtschaft seit 1944 nicht mehr. Ein Mauerrest ist noch vorhanden, aber kaum sichtbar.
Wissenswertes Trotzdem stehen im Siebentischwald sieben Tische. Beim Stempflesee hat die Forstverwaltung die Naherholungs-Oase errichtet. Die Tische und Bänke wurden erst vor einem Jahr erneuert.

Die Natur beseitigt nur langsam die Spuren des Krieges

Einst stellte die Wehrmacht bei Bobingen Sprengstoff her. Bunker und Chemikalien zeugen davon

von Christian Gall

Bobingens Geschichte ist von der Chemie geprägt. Mit Trevira befindet sich in der Stadt ein großer Hersteller von Kunstfasern. Das „Werk", wie es die Bobinger nennen, hat eine lange Geschichte – und eine Kehrseite. Denn während des Zweiten Weltkriegs nutzte die Wehrmacht vorhandene Fabrikflächen, um Sprengstoff herzustellen.

Im Stadtgebiet von Bobingen liegt ein Teil dieser Anlage – „Fasan" lautete ihr Deckname. Entlang der Wertach befinden sich noch heute zahlreiche der alten Gebäude. Besichtigt werden können sie jedoch nicht, denn alle liegen auf Privatgrund. Das gilt jedoch nicht für einen weiteren Teil der Anlage. Weiter im Südwesten, jenseits der Wertach, finden sich eindeutige Spuren im Wald. Nicht nur Mauerreste ziehen sich durch die Landschaft, auch eine ganze Fertigungshalle hat die Jahrzehnte überdauert.

Mehrere Meter ragen ihre verwitterten Betonwände in die Höhe, durch das teilweise zerstörte Dach wächst ein Baum. Nicht alle der Anlagen wurden nach der Fertigstellung noch tatsächlich für die Produktion genutzt. Doch sie lassen den Schrecken der Zeit ahnen, als alles Leben im Zeichen des Krieges stand und Zwangsarbeiter unter primitivsten Bedingungen untergebracht waren. Viele Hinterlassenschaften der Sprengstoffherstellung sind heute für

Im Wald zwischen Wehringen und Straßberg stehen noch heute Reste der im Zweiten Weltkrieg errichteten Anlagen mit dem Decknamen Fasan II.

das bloße Auge unsichtbar – und doch bedenklich. Denn durch die Chemikalien wurden Boden und Gewässer kontaminiert. Pilzsuchern wird von dem Gebiet abgeraten, und auch das Landratsamt bescheinigt dem Untergrund bis heute keine absolute Unbedenklichkeit. Zwar gab die Behörde im Jahr 2001 bekannt, dass vom Gebiet keine akute Gefahr ausgehe, doch beim Sammeln von Pilzen oder Beeren sollten Spaziergänger dennoch vorsichtig sein. Von 1939 bis 1945 wurden tausende Tonnen Hexogen hergestellt – eine Substanz, die gefährlicher ist als der Sprengstoff TNT. Dafür ließ die Wehrmacht mehr als 100 Zwangsarbeiter schuften. Am 28. April 1945 war es damit vorbei. Amerikanische Truppen marschierten ein und gaben das Werk zur Plünderung frei. Vier Monate später besetzten die Amerikaner die Gebäude und begannen, die Werksflächen an der Max-Fischer-Straße für ihren ursprünglichen Zweck freizugeben: für die Produktion von Kunststofffasern. Diese blühte später unter der Hoechst AG auf. Trevira und Perlon wurden zu großen Marken. Die Bunkeranlagen im Wald sind von der Natur nur teilweise überwuchert und die Betonmauern lassen die Zeit der Sprengstoffherstellung nicht vergessen.

Lage Erreichbar ist das Fasan-Gelände über den Metzgertafelweg, der zwischen Straßberg und Reinhartshausen verläuft. Von Straßberg kommend bietet der erste Wanderparkplatz eine Möglichkeit, sein Auto abzustellen. Wenige hundert Meter südlich davon finden sich die Überreste der Sprengstofffabrik.
Literatur „Bobingen und seine Geschichte", herausgegeben im Auftrag der Stadt Bobingen von Walter Pötzl und Wolfgang Wüst.

Die Meister der Zeit

Friedberg war einst eine Hochburg der Uhrmacher. Eine Geschichte von Aufstieg und Niedergang

von Ute Krogull

Wie seltsam, dass es noch keinen Roman gibt über die Zunft der Uhrmacher, haben es doch selbst Samenhändler und Henker schon zu Helden von Historien-Schinken gebracht. Dabei hätten die „Meister der Zeit" Potenzial für eine Geschichte, abgesehen vom romantischen Friedberg, wo man sich in verwinkelten Gässchen nahe der Stadtmauer immer noch wie im Mittelalter fühlen kann. In Dutzenden Häusern lebten und arbeiteten die Handwerker dort, viele Gebäude sind heute mit Plaketten gekennzeichnet oder lassen sich bei einer Lauschtour entdecken. Aber was macht das Geheimnis der Uhrmacherstadt aus, wo in der zweiten Hälfte des 18. Jahrhunderts von 1.800 Bewohnern über 80 Uhrmacher und noch mehr Zulieferer waren?

Alice Arnold-Becker weiß die Antwort. Sie ist Leiterin des Museums im Wittelsbacher Schloss, welches bis Ende 2018 renoviert wird. Klar ist: Wenn dieses wieder eröffnet wird, soll das Uhrmacherhandwerk das Herzstück bilden, mit Schaustücken, Werkstatt und Film. Denn bei der Zahl der Uhrmacher toppte Friedberg einst sogar Augsburg. Ursprung war, so Arnold-Becker, die Idee der Herzöge von Bayern, der damals ausländischen Nachbarstadt überm Lech die Uhrmacher abspenstig zu machen. In Augsburg sei es derart schwer gewesen, Meister zu werden, dass so mancher die paar Kilometer abwanderte. Das Handwerk prosperierte: Eine goldene

Der Friedberger Johann Heckel signierte seine Taschenuhr um 1740 mit „Lekceh London". Der Name wurde rückwärts geschrieben.

Taschenuhr kostete 75 Gulden (ein Haus 1.000). Und die Uhrmacher gewannen politischen Einfluss. Schwierige Zeiten erlebte jedoch auch dieses Handwerk während des 30-jährigen Kriegs. Damals griffen die Friedberger zu einem Trick, den sie später nochmals anwandten, als sie gegen den Niedergang kämpften: Sie fälschten den Herstellungsort: Benannten sie ihn anfangs in Augsburg um, waren es im 19. Jahrhundert London und Paris. Denn Friedberg, das bis in die Türkei und die Niederlande exportiert hatte, war nicht mehr auf der Höhe der Zeit. Die Koalitionskriege hatten ihm zugesetzt. Andernorts waren Uhrmacher innovativer, auch die Anfänge der Industrialisierung, gerade in der Schweiz, sorgten für Konkurrenz. Friedberger schrieben sogar ihre Namen rückwärts, damit sie englisch klangen. Die Letzten von ihnen mussten nebenbei eine Wirtschaft betreiben, um zu überleben. Ende des 19./Anfang des 20. Jahrhunderts gaben sie ihr Handwerk auf. Die Zeit der Uhrmacher war abgelaufen.

Tipp Die Lauschtour „Weißes Gold, tickende Uhren und singende Nachtwächter" ist lohnenswert. Länge: 2,2 km vom ersten bis zum letzten Lauschpunkt (Rückweg: 1 km), Schwierigkeit: leicht, Gehzeit: 1,5 Std. iPod-Verleihstation: Rathaus oder Eiscafé am Brunnen, Marienplatz. Für iPhone im App Store, für Android im Google Play Store – Stichwort: Bayerisch-Schwaben-Lauschtour.

Als eines der Kinder beim Spielen in den Bach fiel

Um das Steinrelief „Die sieben Kindeln" in Augsburg rankt sich eine traurige Sage

von Ina Kresse

Sechs spielende Kinder zeigt das Steinrelief, das an dem Haus „Bei den Sieben Kindeln 3" am Unteren Graben in der Augsburger Jakobervorstadt eingemauert ist. Die Platte heißt im Volksmund „Die sieben Kindeln". Aber ein Siebtes ist nicht zu sehen. Und um das fehlende Kind rankt sich eine traurige Geschichte. Einst soll ein römischer Beamter mit seiner Frau und den sieben Kindern in dem Haus am Bach gewohnt haben. Beim Spielen und Herumtollen der Geschwister fiel das kleinste plötzlich ins reißende Wasser. Der Sage zufolge wurde der Körper nie gefunden. Die Mutter war über den Verlust ihres jüngsten Kindes untröstlich. Tag für Tag saß sie an derselben Stelle an dem Bach auf ihren Fersen und starrte wortlos auf das vorbeifließende Wasser. Wie in der Sage geschrieben steht, die der Augsburger Peter Dempf in seinem Buch „Sagenhaftes Augsburg – Geschichten einer Stadt" veröffentlichte, sah man ihre Fußabdrücke bereits am Boden. An dieser Stelle wuchs kein Gras mehr. Vor lauter Kummer vergaß die Mutter ihre anderen sechs Kinder und ihren Ehemann. Seit dem Unglück war sie ein anderer Mensch. Der Sage zufolge kam der Ehemann auf eine Idee, als er zufällig an einem Bildstein für ein Grabmal vorbeikam. Wenn man mit einem solchen Bildnis der Toten gedenken konnte, vielleicht konnte man auch der Lebenden gedenken, überlegte

Wo ist das siebte Kind? Auf dem Steinrelief „Bei den sieben Kindeln" sind nur sechs Kinder zu sehen.

er. Als seine Frau eines Tages wieder an den Lechkanal ging, sah sie ihre Kinder einen Stein umringen. Sie schaute nach und erkannte ein Steinrelief, auf dem sechs Kinder eingemeißelt waren, die fröhlich miteinander spielten. Ihr Mann trat hinzu. „Es sind deine Kinder", soll er gesagt haben.
Warum nicht alle sieben eingemeißelt seien, wollte die Frau wissen. „Ich weiß, dass du dein totes Kind im Gedächtnis behältst wie wir alle. Dafür braucht es keinen Stein. Damit aber die Lebenden nicht vergessen werden, habe ich das Bildnis in Auftrag gegeben", antwortete er. Da konnte die Mutter zum ersten Mal um ihr totes Kind weinen. Sie werde keines ihrer Kinder vergessen, versprach sie. Dies soll sich laut der Sage so zugetragen haben.
Bei dem Steinrelief, das sich inzwischen zum Schutz hinter einer Kunststoffplatte befindet, wurde lange Zeit vermutet, dass es sich um einen Teil eines römerzeitlichen Sarkophags handelt. Doch nachdem Denkmalpfleger und Archäologen die Rückseite des Steins begutachteten und seine Dicke bestimmen konnten, waren sie anderer Meinung, wie der Augsburger Historiker Franz Häußler berichtet. Demnach handelt es sich um eine Bauplastik aus der Römerzeit, die ein Gebäude geziert haben dürfte.

Wissenswertes Das jetzige Haus „Bei den Sieben Kindeln 3" wurde 1761 erbaut. Die antike Steinmetzarbeit übernahm man vom Vorgängerbau.
Die zweizeilige Beschriftung fußt laut Historiker Franz Häußler auf der Sage: „Priscae artis opus, infantium ludos vides. Sed et omnis aetas omnis ordo ludus est." Übersetzt: „Ein Werk alter Kunst, Spiele von Kindern siehst du. Aber auch jedes Alter, jeder Stand ist ein Spiel."

Ein verwunschenes Haus am Waldesrand

Bei Neusäß gibt es das „Schwäbische Himmelreich". Um das Gebäude ranken sich so manche Sagen

von Regine Kahl

Das Himmelreich der Schwaben beginnt gleich hinter Neusäß: Am Rand des Stadtteils Hainhofen steht ein sagenumwobenes Haus, das „Schwäbisches Himmelreich" genannt wird. In dem burgähnlichen Gebäude, früher ein Ausflugslokal, stehen Ritterfiguren und hängen Hirschgeweihe. Heute wohnt darin Familie Zimmermann und betreibt einen Weinhandel.

Der umliegende Wald ist unter dem Namen „Schwäbisches Himmelreich" bekannt. Er gab einst dem Sommerkeller für Lagerbier mit Wirtschaft den Namen. Das Lokal und seine Umgebung lockten viele Augsburger an. Ein Hohlweg, der ein Nebenweg der Römerstraße Augsburg – Günzburg war, führt vom Ort zu dem Gebäude. Es hatte schon viele Besitzer, unter anderem berühmte Familien wie die Fugger, die Edlen von Langenmantel und die von Rehlingen.

Tobias Zimmermann wohnt seit seiner Kindheit in dem verwinkelten Haus. Sein Vater Werner, einst Gastronom der Maximiliansklause in Augsburg, hat das Anwesen im Jahr 1977 ersteigert. Das Gebäude durfte erhöht werden und so kamen ein Turm und Dachgauben dazu. Die neuen Besitzer öffnen das „Schwäbische Himmelreich" zu regelmäßigen Terminen. Es finden Weinproben im Gewölbe und Feste im Garten statt. Das Haus sieht nicht nur wie im Märchen aus, es ranken sich auch Sagen darum. Der schwarze Reiter von Horgau, Georg Platzer, irrte 1763 drei Tage lang durch die Westlichen Wälder. Ermüdet und vom Fieber geschwächt, legte er sich im Himmelreich

Das „Schwäbische Himmelreich" mit Türmchen liegt am Waldesrand von Hainhofen. Über das Haus gibt es viele Geschichten.

im Keller nieder. Am nächsten Morgen fand er laut Sage geleitet von der Glocke der Horgauer Kirche zurück zum Elternhaus. Schlagzeilen machte das Himmelreich als Spielcasino. Ein Rechtsanwalt stellte als Besitzer des Hauses den Keller für Roulettespiel zur Verfügung. Wegen Veruntreuung von Geldern und illegalem Glücksspiel wurde er im Jahr 1977 zu fünf Jahren Haft verurteilt.

Danach erwarb die Familie Zimmermann das Anwesen. Heute wohnt dort Tobias Zimmermann mit seiner Familie, seinem Bruder und Mutter. Die Einsamkeit am Waldesrand macht ihm nichts aus, im Gegenteil. Er findet das Haus traumhaft. Einerseits bietet es die Ruhe der Natur und gleichzeitig die Nähe zu Augsburg und Neusäß. Ängstlich dürfe man nicht sein, sagt er. Es gebe immer Geräusche. Als Kind fand er dies unheimlich, heute hat er sich längst daran gewöhnt.

Das Schatzkästchen liegt im Keller. Die Familie hat den Sommerkeller der Brauerei zu einem Weinkeller mit Sitzecke und Lager ausgebaut. Immer wieder wird erzählt, dass es unterirdische Gänge zum Pfarrhaus oder Schloss in Hainhofen geben soll. Nachforschungen der Familie Zimmermann haben dies bisher nicht bestätigt. Es wird ein himmlisches Geheimnis bleiben.

Lage Westlich von Hainhofen befindet sich der Wald, der unter dem Namen „Schwäbisches Himmelreich“ bekannt ist. Der Starenweg linkerhand der Kirche führt zum ehemaligen Ausflugslokal.
Besichtigungen Zweimal im Jahr gibt es eine Weinprobe im „Schwäbischen Himmelreich“, bei der das Kellergewölbe besichtigt werden kann. Immer an Fronleichnam und dem Wochenende darauf wird ein Fest im Garten gefeiert.

Von der „Wilden Jagd“ im Höllgraben

Der Schiltberger Forst mit seinen Altwegen birgt viele Geheimnisse

von Carmen Jung

Der Wald ist dunkel und dicht. Den Menschen ist er nicht geheuer. Sie meiden den Höllgraben, denn in diesem Teil des Forsts östlich von Schiltberg geht es nicht mit rechten Dingen zu. So jedenfalls erzählt es die Sage. Besonders zur Allerseelenzeit kann der nächtliche Wanderer demnach im Wald sein blaues Wunder erleben – wenn er nicht vorher ohnmächtig wird …

Lärm, Peitschenknall und Pferdegetrampel, Pferdegewieher, Hundegebell und Menschenschreie – so unheimlich überfällt's den Wanderer im Höllgraben. Die Sage spricht von einer „Wilden Jagd“, die durch die Lüfte braust. Ein Entkommen ist unmöglich. Es hilft nur: sich zu Boden werfen und die „Wilde Jagd“ über sich ergehen lassen.

Wer solche Geschichten milde belächelt, dem sagt der Aichach-Friedberger Kreisheimatpfleger Michael Schmidberger, dass eine Sage altes Wissen aufgreift. Wissen, das den Menschen im Laufe von Jahrhunderten verloren gegangen ist. Und Schmidberger ist überzeugt, dass sich viel solches Wissen auf den Schiltberger Staatsforst bezieht. Er spricht von einer „sehr bewegten historischen Landschaft“.

Der Fachmann, der selbst ein Schiltberger ist, schließt aus seinen Forschungen: „Es ist alles historisches Gelände.“ Ein Beispiel findet er in jenem Forstbezirk, der sich Pflegersberg nennt. Dort gibt es eine Kiesgrube. Südlich davon hat Schmidberger ein Indiz entdeckt, das ihn sicher macht: Hier haben Kelten gelebt. Er sieht deutliche Hinweise auf eine keltische Höhensiedlung.

Ein Altweg im Bezirk „Höllgraben“ im Schiltberger Forst: Hier haben sich dereinst der Sage nach unerhörte Dinge zugetragen.

Die jetzige Kiesgrube müsse die Plattform gewesen sein. Die tiefen Gräben südlich davon sind für Schmidberger das Zeichen, dass die Siedlung der Kelten, die im ersten Jahrtausend vor Christus gelebt haben, durch eine doppelte Wallgrabenanlage gesichert war. Einen Beweis für menschliches Leben in diesem Forst in vorgeschichtlicher Zeit hat ein Hochwasser im Sommer 2013 freigespült. Am Waldrand bei Höfarten schnitt das Wasser einen mächtigen Straßendamm auf. Unter mehreren Kieslagen kam ein Knüppeldamm zum Vorschein. Derartige Dämme wurden schon in der Jungsteinzeit als Wege in Feuchtbodensiedlungen gebaut, erklärt Schmidberger.

Viele der frühzeitlichen Gräben sind später als Wege genutzt worden. Im Schiltberger Forst gibt es zahlreiche so genannte Altwege oder Hohlwege, die sich über Jahrhunderte ins Gelände eingefurcht haben. Sie sind der Sage nach ein Schauplatz der „Wilden Jagd" gewesen, von der auch andernorts in Bayern die Rede ist. Diese Jagd hat nicht jeder unbeschadet überstanden. So erzählte man sich in Ruppertszell, einem Schiltberger Ortsteil, ein Wanderer sei von dem unheimlichen Treiben im Höllgraben so überrascht worden, dass er erst am nächsten Tag gefunden wurde. Er war noch immer bewusstlos.

Lage Am Kreisverkehr in Höfarten geht es östlich. Kurz darauf zweigt nach der Weilachbrücke nördlich eine kleine Straße ab. Wenig später muss man das Auto abstellen. Die Fahrt in den Wald ist verboten.

Wissenswertes Das südliche Waldgebiet nennt sich Pflegersberg, das nördliche Höllgraben. Hohlwege oder Altwege finden sich gleich an der westlichen Ecke am Eingang des Forstes. An dieser mit dem Fähnchen markierten Stelle treffen fünf Wege aufeinander.

Wo einst Soldaten schossen, blühen heute Orchideen

Von der Vergangenheit der Schießplatzheide im Augsburger Stadtwald zeugen Bunkerruinen

von Stefan Krog

Die Überreste von Bunkern, Baracken, Schießbahnen mit Wällen und Kugelfängen lassen sich heute teils nur noch erahnen: Mitten im Augsburger Stadtwald liegt die Schießplatzheide. Seit den 1880er-Jahren lernten dort Generationen von Soldaten das Kriegshandwerk – erst zu Kaisers und Königs Zeiten, später unter dem NS-Regime übten sie das Schießen, um dann in zwei Weltkriege zu ziehen. In der Nachkriegszeit hatte dort erst die US-Armee über Jahrzehnte das Sagen. Sie unterhielt den Schießplatz parallel zu ihrer zweiten Anlage bei Deuringen (Kreis Augsburg). Später übernahm dann die Bundeswehr das Gelände. Seit 1983 holt sich die Natur den Platz zurück, den ihr der Mensch einst genommen hat. Als augenfälligster Überrest haben sich teils überdachte Betonwände eines Schießstandes erhalten, die langsam verfallen.

Heute ist die Schießplatzheide als größte zusammenhängende Heidefläche in Augsburg ein ökologisches Kleinod. Die zugemauerten ehemaligen Bunker im Wald sind ein Quartier für Insekten und Amphibien. Auf den freien Heideflächen blühen Orchideen, seltene Schmetterlinge und Heuschrecken haben auf den mageren Kiesböden ein Zuhause. Um den Zustand zu erhalten, mäht der Landschaftspflegeverband die Heide einmal im Jahr – so soll verhindert werden, dass der Wald von der Heide Besitz ergreift.

Ihren Ursprung haben die Heiden in der Zeit, als der Lech noch ein wilder Fluss war. Allenfalls Kiefernwälder mit großen Lichtungen konnten auf den kiesigen Böden in den Überschwemmungsgebieten entstehen. Später

Etwa 100 Jahre lang diente das Areal im Stadtwald als Schießplatz, 1983 zogen die Soldaten ab.

rodeten die Menschen den Wald, sodass die große Heide entstand. Sie ist eine typische Kulturlandschaft. Bis vor 150 Jahren waren die Heiden eines der wichtigsten Sommerweidegebiete für Wanderschäfer. Zwar sind noch Schafe dort unterwegs, aber wo es etwa aus Gründen des Trinkwasserschutzes nicht möglich ist, müssen Traktoren ran.

Sorgen bereitet den Landschaftspflegern seit einigen Jahren, dass immer wieder Pflanzen ausgegraben werden. Der Bestand der ums Überleben kämpfenden Küchenschelle etwa geht seit Jahren ständig zurück – nicht nur, aber auch wegen Diebstählen. Vermutlich wollen die Täter die Pflanzen nachzüchten.

So schön die Heide an der Oberfläche auch aussieht, so problematisch ist der Untergrund. Schießpulver, Munition und Treibstoff schlummern noch im Boden. Bei extrem hohem Grundwasserstand fanden sich im Wasser erhöhte Schadstoffkonzentrationen, wobei die Stadtwerke keinen Grund zur Panik sehen. Die Trinkwasserbrunnen in der Umgebung seien bisher ohne Auffälligkeiten gewesen. Begeistert über die Altlasten im Schutzgebiet ist aber niemand. Als ehemaliger Schießplatz der Bundeswehr ist die Heide im Eigentum des Bundes. Dessen Immobilienverwaltung und die Stadt sahen sich wegen der Altlasten schon vor Gericht. Eine Beseitigung ist momentan aber kein Thema. Sie wäre auch nicht unproblematisch: Ein großflächiger Baggereinsatz würde Teile der Heide wohl zerstören.

Lage Am einfachsten ist der Zugang vom Haunstetter Krankenhaus aus. Von dort geht es etwa einen Kilometer lang über die Forststraße „Gassen Geräumt" zur Heide. Sie erstreckt sich in Nord-Süd-Richtung quer zum Weg.

Wissenswertes Besuchen kann man die Schießplatzheide ganzjährig. Allerdings sollte man auf den markierten Wegen bleiben und das Rad nicht mit in die Heide nehmen, um die Wege nicht zu verbreitern. Hunde sollten an die Leine.

Die angebliche Trutzburg von Bischof Ulrich

Welche Legenden sich um die Geyerburg in Schwabmünchen ranken

von Christian Kruppe

Die Geyerburg nahe des Schwabmünchner Stadtzentrums mutet auf den ersten Blick nicht so geheimnisvoll an – ihre Geschichte ist es aber umso mehr. Sie liegt idyllisch an der Singold, ein kleiner Abzweig des Baches sorgt für den Flair eines Burggrabens. Heute ist sie die Heimat der evangelischen Jugend und dient seit einigen Jahren dem Singoldsand-Festival als Künstlerheim und imposante Kulisse. Dabei war die jüngere Vergangenheit alles andere als heimelig. Denn wohl von 1608 bis in die Nachkriegszeit diente die Geyerburg als Gefängnis.

Doch viele Legenden ranken sich um die Zeit davor. Lange hielt sich die Sage, dass der heilige Bischof Ulrich in der Geyerburg von seinen Feinden belagert worden sei und nur dank eines geheimnisvollen unterirdischen Ganges fliehen konnte. Viel wurde aufgrund dieser Sage geforscht, dabei auch tonnenweise Schutt und Erde gewälzt, um diesen Tunnel zu finden. Gefunden wurde nichts. Es steht heute fest, dass es nicht die Geyerburg war, die Bischof Ulrich Zuflucht bot. Überliefert ist auch, dass die ursprüngliche Geyerburg nicht viel mit dem quadratischen Bau zu tun hat, der heute noch existiert. Die „Ur"-Burg war nur im Erdgeschoss massiv gefertigt und von einem Wassergraben umgeben. Aus dem Jahr 1441 datiert der Verkauf dieses Anwesens von Ulrich Konzelmann – er hat es geerbt – an das Augsburger Dominikanerinnenkloster St. Katharina für 1900 Rheinische Gulden. Belege für die Zeit davor gibt es nicht. Auch nach dem Verkauf an den Orden ist die Geschichte lückenhaft. Das liegt auch daran, dass oft der Besitzer wechselte. Der Grund für den steten Wechsel dürfte darin

Mitten in der Stadt und doch mitten im Grünen steht die Geyerburg an der Singold in Schwabmünchen.

liegen, dass viele Eigentümer nur vornehm taten, aber letztendlich in Geldnöte gerieten. 1518 übernahm Ulrich Fugger die Geyerburg und ließ sie erneuern – oder gar neu bauen. Es entstand ein rechteckiges, von starken Mauern umgebenes Schloss, an den Ecken jeweils durch einen Rundturm verstärkt. Die Singold speiste einen Graben, der um die Schutzmauern floss und auch eine Zugbrücke soll es gegeben haben. Erst später wandelte sich die Geyerburg zu dem jetzigen quadratischen Bauwerk. Die letzte große bauliche Änderung begann 1976. Die Anbauten wurden abgerissen, eine Feuertreppe schlängelt sich an der südwestlichen Ecke entlang, darüber schwebt ein gläserner Erker. An der Südseite verbirgt ein Anbau das neue Treppenhaus.

Im staatlichen Besitz ist die Geyerburg seit 1803 und bekam somit den offiziellen Titel „Amtsgerichtsgefängnis". Dies blieb sie bis in die Nachkriegszeit. 1949 übernahm die Stadt, zuerst als Pächter, die Burg, um dort weiterhin Gefangene unterzubringen, denn in den Dienststellen der Polizei fehlte der Platz.

Nicht nur die Geschichte der Burg birgt Geheimnisse. Lange Zeit hatte sie auch zwei Namen. Immer wieder ist auch von der Geigenburg die Rede. Erst in den 1920er-Jahren schafft der heimatkundlich bewanderte Oberstudienrat Hans Wöhrle Klarheit. Mit durchaus vagen Thesen manifestiert er den Namen Geyerburg, der sich fortan etabliert.

Lage Fast im Herzen von Schwabmünchen. Das Burganwesen liegt direkt unterhalb des Stadtgartens, ist von der Innenstadt aus zu Fuß in wenigen Minuten erreichbar. Auf der Südseite liegen der Eisplatz und der Parkplatz an der Jahnstraße.

Tipp Ein perfekter Ort, um sich nur ein paar Meter weg vom innerstädtischen Trubel zu erholen. Die Burg selbst wird von der evangelischen Jugend genutzt und ist nicht der Öffentlichkeit zugänglich.

Wer liegt unter dem Gunzenlê begraben?

Welche Bedeutung der Hügel beim Lech hat und warum Forscher um seine Lage streiten

von Philipp Schröders

Bevor ihn das Richtschwert im Nacken traf, dachte er an seine Mutter. „Welche schreckliche Nachricht wirst du von mir empfangen" – das waren der Überlieferung nach die letzten Worte Konradins. Danach schoss das Blut des Adeligen auf den Marktplatz von Neapel. Mit dem jungen Staufer starb im Jahr 1268 auch seine Dynastie. Er war der letzte legitime Angehörige des Kaisergeschlechts.

Seinen folgenschweren Italienfeldzug begann Konradin in der Region. Das Heer sammelte er am Gunzenlê. Der genaue Standort des geheimnisvollen Hügels ist umstritten. Der vor zwei Jahren gestorbene Heimatforscher Martin Schallermeir aus Mering war sich sicher, dass die Anhöhe südlich des Weitmannsees an der Grenze zwischen Kissing und Mering lag. Andere Historiker sagen, dass sich der Standort nicht mehr bestimmen lässt. Die Bedeutung des Gunzenlês ist aber unumstritten. Er diente als Platz für Hoftage, Fürsten- und Heeresversammlungen, selbst Hochzeiten von führenden Adeligen wurden hier gefeiert.

Schon Karl der Große machte im ausgehenden 8. Jahrhundert dort Rast. Die Geschichte der Anhöhe reicht aber noch viel weiter zurück. Forscher denken, dass eine einflussreiche Person der Frühzeit hier begraben lag. Gunzenlê wird mit „Hügel des Gunzo" übersetzt. Wer dieser mächtige Mann war, bleibt allerdings ungewiss. Sicher ist, dass Lechüberschwemmungen die Anhöhe im 15. Jahrhundert wegspülten. Daher streiten sich Heimat-

Eine Steinsäule östlich des Lechs erinnert an den geheimnisvollen Hügel Gunzenlê, an dem schon Karl der Große Rast machte.

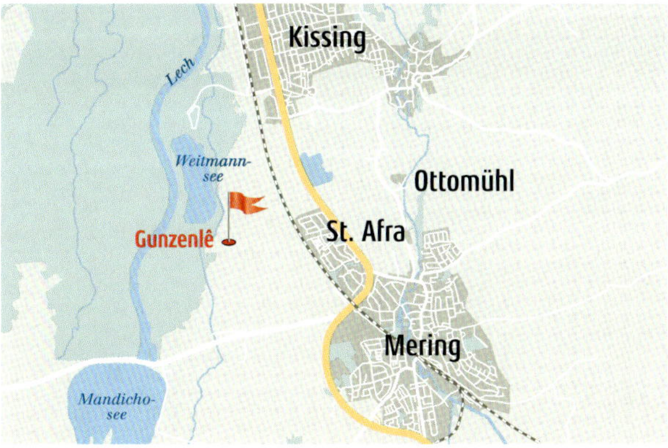

forscher und Historiker auch darüber, wo der Gunzenlê lag. Neben Kissing und Mering sind auch Augsburg und Friedberg im Gespräch. 1968 stießen Arbeiter beim Kiesabbau westlich der Siedlung St. Afra auf vier behauene, tonnenschwere Sandsteinquader. Sie wurden an der Stelle ausgegraben, an der der Meringer Schallermeir den Gunzenlê vermutete. Die Quader lassen sich zu einen steinernen Thron zusammensetzen, viel mehr geben sie jedoch nicht preis.

Ganz in der Nähe, nur einige hundert Meter nordwärts des vermuteten Gunzenlê-Standorts entfernt, befindet sich ein weiterer mysteriöser Platz. Eine blaue Gedenktafel erinnert an die Legende, die mit der Lechfeldschlacht 955 zusammenhängt. Es heißt, dass an der Stelle das Hauptlager der Ungarn lag. Ein Unbekannter pflanzte nach dem Sieg Ottos des Großen hier ein Birnbäumlein. Der Sage nach sollte es jedes Jahr blühen, ohne Früchte zu tragen. Setze es doch Birnen an, käme die Gefahr aus dem Osten wieder. Da andere Quellen berichten, dass das Hauptlager der Ungarn am Gunzenlê lag, sah Heimatforscher Schallermeir hier einen Zusammenhang. In der Nachkriegszeit trug ein neu gepflanzter Birnbaum plötzlich Früchte. Ungarische Reiter sind aber damals nicht gesichtet worden.

Lage Eine Theorie sieht vor, dass sich der Gunzenlê südlich des Weitmannsees befand. Der Ort ist über einen Feldweg von der Staatsstraße 2380 aus und über einen weiteren von der Friedenaustraße in Mering erreichbar. Er wird durch einen Gedenkstein mit einer Bronzetafel neben einem Strommast markiert.

Tipp Ein Spaziergang zum Weitmansee bietet sich an. Vom Feldweg zweigt ein Pfad ab.

Im Gaswerk wird die Erdrotation erlebbar

Was es mit dem Pendel im Inneren des Scheibengasbehälters auf sich hat und wie es funktioniert

von Miriam Zissler

Es ist ein beschwerlicher Weg, den die Besucher in Kauf nehmen müssen: 392 Stufen führen auf den Oberhauser Gaskessel hinauf. Oben angekommen, in 86 Metern Höhe, wird man dafür aber allemal belohnt. Die Aussicht von der Plattform ist beeindruckend. Es ist nicht das Einzige, was die Besucher des Industriedenkmals staunen lässt. Im Inneren des Gaskessels, einem von zwei sogenannten Scheibengasbehältern, die noch in Bayern existieren, befindet sich eine besondere Klanginstallation mit Orgelpfeifen. Es sind insgesamt 58 Orgelpfeifen, die rund um ein 70 Meter langes Foucaultsches Pendel angebracht sind, eines der längsten seiner Art in Deutschland. Das Pendel macht die Erdrotation sichtbar – je näher man den Erdpolen kommt, desto stärker ist die Drehung des Pendels. Am Äquator hingegen dreht es sich nicht. In Augsburg gibt das Foucaultsche Pendel außerdem den Takt vor, in dem Töne aus den Orgelpfeifen erklingen. Das Pendel wurde 2008 installiert, die Orgelpfeifen kamen 2009 hinzu.

Sie lassen Bachs C-Dur Preludium ertönen. Allerdings ist die Melodie nicht wiederzuerkennen, weil nur alle 17 Sekunden ein Ton zu hören ist. Um das gesamte Stück hören zu können, müssten Besucher drei Stunden einplanen anstatt der eigenlichten anderthalb Minuten. Künstler Jürgen Scriba, der

Das Foucaultsche Pendel im Oberhauser Gaskessel ist 70 Meter lang. Es ist das Längste seiner Art in Deutschland.

für die Klanginstallation verantwortlich ist, will damit sinnlich erfahrbar machen, was man mit bloßem Auge nicht mehr sehen könne. Das Pendel musste bislang nur einmal weichen – für eine andere Installation. Das Geheimherz des katalanischen Künstlers Jaume Plensa fand dort im Juni 2014 genug Raum. Die 25 mal 28 Meter große Skulptur war ein Besuchermagnet: Rund 8000 Besucher kamen innerhalb von sieben Monaten zur Oberhauser Industriebrache. Der Gaskessel ist aber auch ohne das Herz ein beliebter Ausflugsort. Der Verein der Gaswerksfreunde bietet ein umfangreiches Besuchsprogramm an: In den Sommermonaten finden regelmäßig Führungen statt. Sie sind kostenlos und dauern rund zwei Stunden (Anmeldung unter mail@gaswerk-augsburg.de). 2017 wird das ehemalige Gaswerk-Areal zum Kreativquartier umgebaut. Im Zuge des Umbaus wird auch der Scheibengasbehälter eingerüstet und saniert. Die Stadt mietet anschließend auf dem Gaswerk-Areal rund 5000 Quadratmeter Fläche an. Vor allem die Künstler und Musiker, die bislang im Kulturpark West an der Sommestraße Ateliers und Proberäume hatten, sollen in Oberhausen eine neue Heimat finden.

Lage Das Gaswerk samt dem Gaskessel befindet sich im Augsburger Stadtteil Oberhausen.
Wissenswertes 1915 wurde das Gaswerk in Betrieb genommen. Die Gebäude überstanden den Zweiten Weltkrieg schadlos. 2001 wurde es stillgelegt. Heute steht es unter Denkmalschutz. Es gilt als Denkmal von europäischem Rang und ist einzigartig in Bayern.
Führungen Alle Informationen unter www.gaswerk-augsburg.de

Wunderheilungen am Birnbaum

Noch heute bitten viele Gläubige in der Wallfahrtskirche in Sielenbach um Beistand

von Evelin Grauer

Wer an einer schweren Krankheit leidet oder um einen Angehörigen bangt, betet vielleicht für ein Wunder. Manche Gläubige tun dies im Stillen zu Hause, andere suchen eine Kirche auf. Diejenigen, die die Gottesmutter als Fürsprecherin gewinnen wollen, dürften sich in der Wallfahrtskirche Maria Birnbaum in Sielenbach (Landkreis Aichach-Friedberg) gut aufgehoben fühlen. Der Überlieferung nach sind an diesem Ort beziehungsweise durch die Fürbitte dort schon viele Wunderheilungen geschehen.

Bereits die Entstehung der Kirche verlief ungewöhnlich. Anfang des 17. Jahrhunderts stellten die Bewohner des Schlosses Stunzberg, das unweit südlich von Sielenbach lag, ein kleines Vesperbild – der Leichnam Jesu in Marias Schoß – auf. Schnell wurde das Bild von der Bevölkerung und der Schlossherrschaft hoch verehrt. 1632 zündeten schwedische Soldaten im Dreißigjährigen Krieg das Vesperbild an und warfen es ins Jochmoor. Der Dorfhirte von Sielenbach, Johann Vogl, holte es, verbrannt und vermodert, dort heraus und stellte es in einen hohlen Birnbaum. An dieser Gedenkstätte soll sich 1659 die erste Wunderheilung zugetragen haben. Eine Frau aus Meran und ihr Sohn wurden demnach geheilt, nachdem sie das Vesperbild, das der Frau im Traum erschienen war, aufgesucht hatten. In der Chronik der Kirche ist festgehalten, dass kurz darauf die taubstumme Magdalena Schnader aus Ziemetshausen geheilt wurde. Von da an pilgerten immer mehr Menschen zum Birnbaum.

Philipp Jakob von Kaltenthal, der der Niederlassung des Deutschen Ordens im nahen Blumenthal vorstand, beschloss bald, eine würdige Kirche zu

Dieser Ausschnitt aus einer Zeichnung zeigt das Gnadenbild im hohlen Birnbaum.

errichten. 1668 wurde die Kirche des Deutschen Ordens, die um den Birnbaum herumgebaut wurde, eingeweiht. Noch heute ist der Birnbaum hinter dem Altar zu sehen. Die Kirche ist den Sieben Schmerzen Mariens gewidmet und heißt offiziell „Unserer Lieben Frau im Birnbaum". Auch architektonisch sticht das Bauwerk, das nach einem Fantasieentwurf des Bauherrn errichtet wurde, heraus. Es gilt als erster großer barocker Zentralbau Bayerns und als erste Kuppelkirche nördlich der Alpen. Bemerkenswert ist auch, dass der Deutsche Orden die Kirche während der Säkularisation Anfang des 19. Jahrhunderts abgeben musste, aber 1999 zurückkehrte, um sich wieder um den Wallfahrtsort zu kümmern und eine Niederlassung zu errichten. Durch die Hilfe der Bürger und der Spenden der Wallfahrer konnten der Orden und der Bauherr ihre Schulden bald begleichen.
An den Innenwänden der Kirche hängen rund 60 Votivtafeln. Mit den gespendeten kleinen Bildern bedanken sich die Gläubigen für die Rettung aus einer Notlage oder verstärken damit ihre Bitte um Hilfe. 2008 wurden zwei Votivtafeln aus der Kirche gestohlen, darunter das „Nadelwunder" von 1888. Es zeigt die wundersame Rettung eines Mädchens, das zuvor eine Stricknadel verschluckt hatte. Manchmal kehren entwendete Bilder auch auf wundersame Weise wieder zurück.

Besichtigung Die Wallfahrtskirche Maria Birnbaum kann das ganze Jahr besichtigt werden. Führungen können auf Wunsch mit dem Wallfahrtsbüro unter Telefon 0 82 58/9 98 52 30 vereinbart werden.
Wissenswertes Unmittelbar hinter der Kirche liegt ein Kreuzweg, der je nach Wetter und Jahreszeit eine andere Prägung bekommt.
Einkehrmöglichkeit In der Klostergaststätte hat jüngst ein italienisches Lokal eröffnet.

Wo Hitlers „Wunderwaffe“ montiert wurde

Die Reste der Rüstungsanlage bei Zusmarshausen geben noch immer viele Rätsel auf

von Maximilian Czysz

Es ist ein Mythos, der von diesem Ort ausgeht und ihn so geheimnisvoll macht: Im Scheppacher Forst zwischen Zusmarshausen, Burgau und Scheppach entstand Hitlers „Wunderwaffe“, die im Dritten Reich für den Endsieg sorgen sollte. Gemeint ist damit die Me 262, der erste in Serie gefertigte Düsenjäger der Welt.

Wer im Wald an der Autobahn auf die Suche geht, findet heute noch die Reste des Waldwerks Kuno. Unter dem Tarnnamen wurde im Herbst 1944 eine Rüstungsanlage gebaut, die nur ein Ziel hatte: Möglichst schnell möglichst viele Flugzeuge bauen. Anschließend sollten sie auf dem kerzengeraden Stück der damaligen Reichsautobahn abheben. Tatsächlich waren es dann nur vier Düsenjäger, die in die Luft gingen. Die restlichen rund 75 Flieger standen zwar zum Abflug bereit. Doch dann rückten die Amerikaner heran.

Von der „Wunderwaffe“, die Willy Messerschmitt konstruiert hatte, ist im dichten Wald heute nichts mehr zu finden. Die Bevölkerung hatte nach dem Krieg alle brauchbaren Teile recycelt. Aus Drähten von Motoren wurden Bürsten, die Räder des Flugzeug-Fahrwerks wurden an landwirtschaftliche Gummiwagen gebaut und die Armaturen aus dem Cockpit fanden zum Teil in Spielzeug wieder Verwendung. Die schussfesten und beheizbaren Plexiglasscheiben der Pilotenkanzel, die seitlich aufklappbar war, landeten als Brennstoff im Ofen. Damals wollte sich niemand für die Geschichte

Die Fundamente des Waldwerks Kuno sind bis heute im Scheppacher Forst zu sehen.

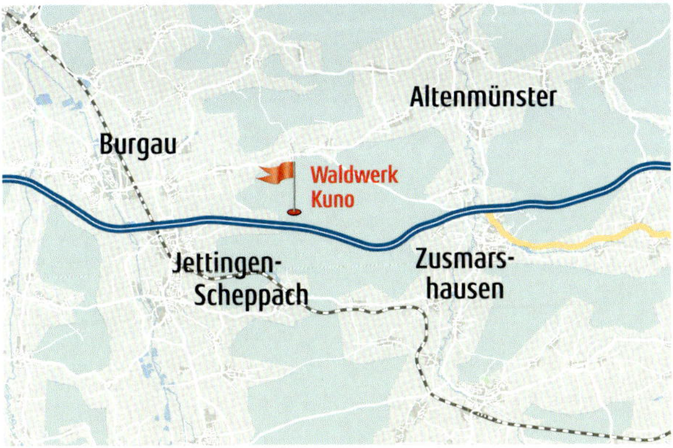

erwärmen, schließlich ging es nach dem Krieg darum, möglichst gut über die Runden zu kommen.

Im Wald geblieben sind heute nur noch die Fundamente aus Beton: Deutlich zu erkennen ist unter anderem die frühere Montagegrube, über die die Düsenjäger zur Endmontage rollten. Die Halle über der Grube ist noch erhalten. Sie steht in Gabelbach. Die einfache Konstruktion wurde nach dem Krieg abgebaut und dann in den Zusmarshauser Ortsteil gebracht. Dort überdacht sie heute ein Sägewerk. Errichtet hatte die Halle ein Zimmermann aus der Region – zusammen mit Zwangsarbeitern, die die im Wald versteckte Rüstungsanlage errichten mussten. Das ist ein anderes Kapitel des großen Geschichtspuzzles um die geheime Anlage, das mit großem menschlichen Leid verbunden war. Den Preis für den technischen Fortschritt zahlten nicht nur Zwangsarbeiter, sondern auch jüdische KZ-Häftlinge. Etwa 100 Männer mussten bei der Montage der Me 262 helfen. Sie waren im eigens errichteten Lager Burgau untergebracht. Dort kamen 1945 auch zwei Züge mit 1.000 jüdischen Frauen aus Ravensbrück und Bergen-Belsen an. Während der Fahrt nach Schwaben spielten sich unbeschreibliche Szenen ab, für viele Frauen wurde es eine Reise in den Tod.

Wissenswertes Wer sich auf eigene Faust die Reste der Anlage im Scheppacher Faust anschauen will: Im Wanderführer der Augsburger Allgemeinen „Wander mit 3" ist eine Route „Windkraft und Wunderwaffe" beschrieben. Die Reste der Anlage direkt an der A8 sind ansonsten schwer zu finden. Ins Auge sticht nur die ehemalige Montagegrube.

Literatur Das Magazin zur Rüstungsanlage „Wunderwaffe aus dem Wald" gibt es im Augsburger Allgemeine Online-Shop oder über die Bestellhotline 08 21/7 77-44 44 zu kaufen.

Von wo aus führte Jakob Fugger sein Imperium?

Der Bankier und Kaufmann residierte in einer „Goldenen Schreibstube". Was davon übrig ist

von Nicole Prestle

Von wo aus führt ein erfolgreicher Kaufmann und Bankier seine Geschäfte? Wie mag wohl ein Büro aussehen, über das Handel getrieben wird mit Ländern in ganz Europa? Für die heutige Zeit kann man sich ein solches Büro noch recht gut vorstellen: groß, hell, vielleicht ein Kunstwerk an der Wand. Aber im 15. und 16. Jahrhundert? Nun, auch Jakob Fugger residierte – davon kann man ausgehen – feudal. Nicht umsonst wird sein früheres Büro bis heute die „Goldene Schreibstube" genannt. Wie sie ausgesehen hat, ist dank eines Gemäldes überliefert: Es zeigt Fugger mit seinem Buchhalter Matthäus Schwartz, der vor dicken Büchern an einem hölzernen Tisch sitzt. Dahinter ein Schrank mit Schubladen, auf der Front jeder steht der Name einer anderen Handelsvertretung: Venedig, Rom, Innsbruck …

Von Luxus ist auf diesem Bildausschnitt wenig zu sehen, wenngleich die Bauweise und die Ausstattung wohl von hoher Qualität waren. Sicher weiß man aber über die Lage jener „Goldenen Schreibstube" Bescheid: Sie befand sich im heutigen Mettlochgäßchen, einem schmalen Durchgang zwischen Philippine-Welser- und Annastraße mitten in der Augsburger Innenstadt. Golden allerdings ist dort nichts mehr: Nach dem Zweiten Weltkrieg wurde die Schreibstube als Erker wiederhergestellt – eine bloße Erinnerung an einer Häuserfassade. Der Raum dahinter hat mit Fugger nichts mehr zu tun. Ab 1512 baute die Familie Fugger die Gebäude am Weinmarkt (heute Maximilianstraße 36) um. Wie Jakob Fugger diese Räume nutzte, wo

Über die „Goldene Schreibstube" erfahren die Besucher im Fugger und Welser Erlebnismuseum im Augsburger Domviertel.

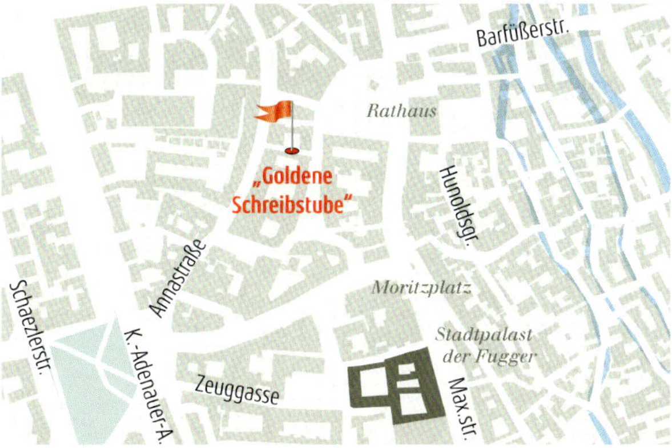

also welches Zimmer lag, ist nur teilweise überliefert. Franz Karg, Leiter des Fugger'schen Familien- und Stiftungsarchivs, geht aber davon aus, dass Fuggers Büro nicht weit davon gelegen haben dürfte – nämlich im Innenbereich von Hausnummer 36. Der heute als „Fuggerhäuser" bekannte Komplex an der Augsburger Maximilianstraße entstand dagegen erst nach dem Tod Jakob Fuggers. Sein Nachfolger Anton Fugger gab in den Jahren 1533 bis 1539 außerdem viel Geld für den Bau einer Schreibstube hin zum heutigen Apothekergäßchen aus. Die Büroräume seines Onkels Jakob Fugger übernahm er nicht.

Über die Jahre gab es, abgesehen von der berühmten „Goldenen Schreibstube" am Rindermarkt, wohl mehrere „Büros". Archivar Franz Karg nennt die „Gemeine Fuggersche Schreibstube", die sich im zweiten Stock des Hauses in der Maximilianstraße 36 befand – mit Blick zum Zeughaus. Im Nachbarhaus gab es ebenfalls ein „Schreibstüblin". Aber es verwundert ja auch nicht: Wer ein weltweit agierendes Unternehmen führt, kommt nicht nur mit einem Büro aus. So bleibt heute nur, über die Geschäftstüchtigkeit der Familie Fugger zu staunen – auch wenn die Details über ihre Schreibstuben für immer ein Geheimnis bleiben werden.

Führungen Da die Büros von Jakob Fugger nicht erhalten sind, empfiehlt sich ein Besuch in der Fuggerei. Von April bis September ist sie täglich von 8 bis 20 Uhr geöffnet in den Monaten Oktober bis März zwischen 9 und 18 Uhr. Dies gilt auch für Museumsbunker und Schauwohnung. Das Fugger und Welser Erlebnismuseum im Domviertel erzählt die Geschichte Augsburger Kaufmannsfamilien. Dienstag bis Sonntag, 10 bis 17 Uhr.
Literatur Martin Kluger: Die Fugger in Augsburg, 264 Seiten, 14,80 Euro.

Um die heilige Afra ranken sich viele Mythen

Immer noch wirft der Ort, an dem ihr Scheiterhaufen stand, Rätsel auf

von Felicitas Lachmayr

Weil sie sich nicht dem Glauben an römische Gottheiten beugen wollte, musste sie sterben. Verurteilt zum Tode auf dem Scheiterhaufen. Im Jahr 304 ließ Kaiser Diokletian, der besonders grausam gegen Christen vorging, die heilige Afra verbrennen. Seitdem ranken sich Mythen und Sagen um ihr Martyrium.

Es gibt zahlreiche Hinweise auf ihre Person und ihr Schicksal, aber sind sie eindeutig gesichert? Wurde sie wirklich verbrannt? Wo genau erlitt sie ihren grausamen Tod? Der Historiker Hubert Raab aus Friedberg hat sich jahrelang mit der regionalen Geschichte und der Person der heiligen Afra beschäftigt. Er ist sich sicher: Afra ist eine historische Person, die auf einer kleinen Insel im Lech auf dem Scheiterhaufen starb.

„Schon zu ihrem Tod soll sich ein Wunder vollzogen haben", erklärt Raab. So soll sie nicht den Flammen des Feuers zum Opfer gefallen sein, sondern am Rauch erstickt sein. Anschließend soll Afra auf einem Friedhof außerhalb der Stadtmauern der römischen Provinzhauptstadt Augusta Vindelicum bestattet worden sein. Heute erhebt sich dort die Basilika St. Ulrich und Afra in Augsburg. „Im Jahr 1064 entdeckte man einen Sarkophag, der ein weibliches Skelett enthielt, bei dem lediglich die Füße angesengt waren, der restliche Körper aber unversehrt war", erklärt Raab. Dieser Fund beflügelte den Afra-Kult. Bis heute ist der Sarkophag der heiligen Afra in einer Grabkapelle in der Basilika St. Ulrich und Afra zu sehen.

Als Kontrast zur barocken Figur gibt es in der Kirche St. Afra im Felde heute diese moderne Darstellung im Altarraum von Georg Chorherr.

Doch der genaue Ort ihres Todes wirft Rätsel auf. Die historische Quellenlage ist dünn. Laut Überlieferung starb Afra auf einer kleinen Insel im Lech. Zu dieser Zeit verlief der Lech zwischen Augsburg und Friedberg allerdings noch nicht in einem begradigten, festen Flussbett, sondern bildete immer wieder neue Flussläufe und kleine Inselchen.
Raab geht davon aus, dass sich die Insel, auf der die Heilige starb, an der Stelle befand, wo heute die Kirche St. Afra im Felde bei Friedberg steht. Bis zu ihrer Zerstörung im Dreißigjährigen Krieg soll sich in der zu Beginn des 12. Jahrhunderts errichteten Kirche eine Martersäule befunden haben, die an die Leiden der heiligen Afra erinnerte. Schon damals zog die Kirche zahlreiche Wallfahrer aus den umliegenden Dörfern an. Nach ihrem Wiederaufbau zu Beginn des 18. Jahrhunderts zierte eine Afra-Statue den Hochaltar der Kirche. In Folge der Säkularisation wurde St. Afra im Felde kurzzeitig zum Munitionsdepot umfunktioniert und erst in den 1870er-Jahren unter Wallfahrtsdirektor Alois Melcher wieder zur Kirche umgebaut. Die Afra-Statue, die damals den Altar schmückte, befindet sich heute im Friedberger Heimatmuseum. Erst seit 1964 ähnelt der Blick in die Kirche dem von heute – ergänzt um eine moderne Afra-Skulptur von Georg Chorherr.

Lage Die Kirche St. Afra im Felde befindet sich zwei Kilometer südwestlich von Friedberg.
Führungen Wer die Kirche besichtigen möchte, kann sich bei Karl Ritter unter 08 21/2 62 14 71 anmelden. Der Friedberger bietet individuelle Führungen an. Außerdem ist immer sonntags um 9 Uhr Gottesdienst. An sonnigen Tagen bleibt der Vorraum der Kirche auch danach für Besucher geöffnet.

Eine Kapelle entfaltet Magie mitten im Wald

Die Scheppacher Kapelle gilt als Kraft- und Wallfahrtsort im „Rauhen Forst"

von Siegfried P. Rupprecht

Die Scheppacher Kapelle, mitten im Wald zwei Kilometer östlich des Gessertshauser Ortsteils Döpshofen gelegen, ist nicht nur ein geschütztes Baudenkmal, sondern gilt bei vielen Menschen als Kraftort. Die Wirkung spürte man vor allem im Sommer, wenn sich die Sonnenstrahlen durch die Bäume zur Kapelle bahnen, oder wenn im Herbst die Nebelschwaden über den Weiher und das Gotteshaus streichen. Energieerfüllt fühlen sich auch Wallfahrer, die von Burgwalden hierherwandern.

Schon früh wurde der Kapelle, ihrem Muttergottesbild und dem atmosphärischen Umfeld eine positive Aura bescheinigt. Pilger bezeichnen sie als aufladend und aufbauend, als Beruhigung und Stärkung für Körper und Geist. Wer das alles ins Reich der Einbildung verweist, der kommt zumindest an der Feststellung nicht vorbei, dass die Kapelle eine Stätte der Stille und Magie ist. Das kleine Bethaus ist eng mit der Geschichte des einst hier gelegenen Weilers Scheppach verbunden. Hier hatte das Kloster Oberschönenfeld 1601 eine Kapelle errichten lassen. Äbtissin Walburga Schüßler stattete den Bau mit einem aus dem 15. Jahrhundert stammenden Muttergottesbild aus.

Im Dreißigjährigen Krieg wurden Gutshäuser und Kapelle verwüstet. Letztere wurde 1741 von Äbtissin Viktoria Farget wieder aufgebaut und mit einem Langhaus und einen Stuckmarmoraltar versehen. In einem Artikel des Katholischen Sonntagsblatts vom Oktober 1930 beschrieb Jakob Fischer die Kirche in Erinnerung an seine Kindheit um 1850. „Die Madonna war mit einem goldenen Band umgürtet und über ihre Schultern fiel ein goldener

Die Scheppacher Kapelle: Sie ist Kraftort und Anziehungspunkt für Pilger und Wallfahrer.

Mantel herab. Das Gnadenbild war umrahmt von Votivgaben. Die Tafeln waren mit den immer wiederkehrenden Worten ‚Maria hat geholfen' versehen."

Bis zur Säkularisation 1802/1803 waren die wenigen Bewohner des Scheppacher Hofs Oberschönenfeld zugewiesen. Als in der Klosterkirche keine Gottesdienste mehr abgehalten wurden, kamen sie im Dezember 1825 durch eine „Entpfarrung" nach Döpshofen, wie Kirchenpfleger Josef Trometer aus Wollishausen in seiner „Chronik der Pfarrei Dietkirch über 1.000 Jahre" notiert hat. 1864 wurde das Gut wegen Ertragslosigkeit abgerissen. Auch das Schiff der Kapelle fiel der Spitzhacke zum Opfer. Nur der Chor blieb als Feldkapelle erhalten. 1927 wurde die Kapelle saniert. Heute erinnern nur noch die Kapelle im Wald und die Weiher an die frühere kleine Siedlung. Ungewöhnlich ist die vielfältige Namensgebung der Kapelle. Sie wird als „Loreto-Kapelle", „Maria im Rauhen Forst" oder „Unsere liebe Frau vom Rauhen Forst" bezeichnet. Allgemein geläufig ist bis in die Gegenwart die Bezeichnung Scheppacher Kapelle. Das spätgotische Gnadenbild ist dort aber nicht mehr zu sehen. Es wurde in die Hauskapelle der Abtei ausgelagert. Neben ihrer Eigenschaft als Kraftort ist die Kapelle seit Anfang des 20. Jahrhunderts auch als Anziehungspunkt von Marienwallfahrten bekannt. Eine der größten ist die Wallfahrt der Veteranen- und Reservistenvereine.

Lage Der Waldweg zur Kapelle ist ab der Scheppacher Straße in Döpshofen ausgeschildert. Auch vom Weiher südlich von Burgwalden weist ein Wegweiser die Richtung.
Öffnungszeiten Die Kapelle ist tagsüber bis zum Gitter vor dem Altarraum zugänglich.
Literatur Informatives zum Scheppacher Hof und zur Kapelle beinhaltet die „Chronik der Pfarrei Dietkirch über 1000 Jahre"; erhältlich per Telefon 0 82 38/23 52.

Eine Brücke, die man nicht sieht

Die Barfüßerbrücke in der Augsburger Altstadt über den Stadtgraben ist ein besonderes Bauwerk

von Stefan Krog

Dass man auf einer Brücke steht, merkt man als Passant gar nicht. Die Barfüßerbrücke in der Augsburger Altstadt bleibt den meisten Bürgern – obwohl es eine Straßenbahnhaltestelle mit diesem Namen gibt – verborgen. Sie ist nur zu sehen, wenn man nicht auf ihr steht. Das liegt daran, dass sie rechts und links mit einer Häuserzeile bebaut ist, die Geschäfte beherbergt – vom Schmuckhandel über ein Blumengeschäft bis zum Pop-up-Store der Stadt. Mit mehr als 400 Jahren dürfte der Bau die älteste Augsburger Brücke sein. Stadtbaumeister Elias Holl baute sie um das Jahr 1600 als Ersatz für eine Brücke, die von Augsburg nach Lechhausen führte. Später wurde sie verbreitert. Möglicherweise standen die Italiener Pate – das prominenteste Beispiel findet sich in Florenz mit der mehrstöckig bebauten Ponte Vecchio.

Im Zweiten Weltkrieg wurden die Häuser auf der Brücke zerstört und danach neu aufgebaut. 1970 verstärkte die Stadt den Gewölbebogen aus Stein durch eine Stahl-Beton-Konstruktion – immerhin muss die Brücke heute Straßenbahnen im Fünf-Minuten-Takt und Lkw tragen.

Wer einen Blick auf die Brücke werfen will, tut dies am besten von der kleinen Stadtoase aus, die durch einen schmalen Durchgang von der Barfüßerstraße aus nach Süden erreichbar ist. Dort am Inneren Stadtgraben herrscht eine bemerkenswerte Ruhe, während draußen der Verkehr tost. In

Wer den Weg zu den Barfüßern findet, wird mit einer einmaligen Oase der Ruhe mitten in der Stadt belohnt.

den 1990er-Jahren hatten hier Ordensschwestern der Communität Casteller Ring ein Cafè eröffnet, die in der Innenstadt ein Gesprächsangebot anbieten wollten. Später wurde es von der Katholischen Jugendfürsorge als Integrationsunternehmen für junge Leute betrieben.
An dieser Stelle befand sich früher der Fischmarkt. In Kästen schwammen Fische aus den Gewässern aus Augsburg und dem Umland. Erst zum Verkauf wurden sie aus dem Stadtgraben geholt. Mit der Einrichtung des heutigen zentralen Stadtmarktes 1930 verschwanden die Teilmärkte. Tote und getrocknete Fische wurden übrigens zwischen Perlachturm und Rathaus verkauft – dieser Platz heißt heute noch Fischmarkt.
Ihren Namen hat die Barfüßerbrücke von der benachbarten Barfüßerkirche. Sie wurde in ihrer Ursprungsform im 13. Jahrhundert von den Franziskaner-Mönchen (im Volksmund „Barfüßer" genannt, da diese nur Sandalen trugen) errichtet. Nach Auflösung des Klosters wurde die Kirche im Zuge der Reformation 1535 zur ersten evangelischen Kirche Augsburgs.

Lage Die Brücke grenzt direkt an die Barfüßerkirche an.
Der Zugang erfolgt über einen Durchgang in der Barfüßerstraße 10.
Wissenswertes Das Gotteshaus lohnt einen Besuch:
Es war in der Reformation zur ersten evangelischen Kirche Augsburgs umgewandelt worden.

Glitzernder Wasserlauf fließt durch den Wald

Das Silberbrünnl zwischen Aichach und Hollenbach ist für viele ein mystischer Ort

von Claudia Bammer

Nein, Silber hat im Silberbrünnl noch keiner gefunden. Auch, wenn wohl tausende Schulkinder aus dem Aichacher Umland im Laufe der Jahre bei ihren Wandertagen dorthin aufmerksam nach dem Edelmetall Ausschau gehalten haben. Seinen Namen hat das kleine Gewässer im Wald zwischen Aichach und Hollenbach vom Glimmerschiefer, der aus den Alpen angeschwemmt wurde und sich über Jahrhunderte hinweg auf dem Grund des Baches abgelagert hat. Sonnenlicht lässt den Glimmerschiefer silbrig glitzern.

Für viele ist das Silberbrünnl ein mystischer Ort. Im kühlen Fichtenwald führt ein schmaler Pfad am Bach entlang, teilweise über kleine Stege. Nur Vogelgezwitscher und das leise Plätschern des Bächleins sind zu hören. Das Wasser ist kühl und klar. Wer einen Schluck probieren will, für den hängt neben dem Wasserlauf nahe einer privaten Waldhütte ein Trinkbecher bereit. Das Silberbrünnl hat nicht eine Quelle, sondern gleich sieben. Sie entspringen im Wald und fließen später zusammen. Der Regen, den der Waldboden aufnimmt, kommt aus den Quellen kristallklar gefiltert wieder zum Vorschein und nährt dort ein großes Feuchtgebiet.

Das Hochmoorgebiet am Silberbrünnl ist seit 1971 Landschaftsschutzgebiet. Initiiert hat das damals vor allem Konrad Mitterhuber, der 30 Jahre lang Vorsitzender der damaligen Aichacher Ortsgruppe der Naturfreunde war. Um die Natur dort zu schützen, fordern Schilder der Grubetfreunde

Das Silberbrünnl im Wald zwischen Aichach und Hollenbach ist für viele ein besonderer Ort.

– seit 2006 Nachfolgeverein der Naturfreunde – die Spaziergänger mit freundlichen Worten auf, Rücksicht auf Pflanzen und Tiere zu nehmen und vor allem auf den Wegen zu bleiben. Der Aichacher Verein, in dessen Besitz das Gebiet ist, kümmert sich in Zusammenarbeit mit der Unteren Naturschutzbehörde am Landratsamt um die Pflege der Flächen und des Silberbrünnls. Dort gedeihen seltene Pflanzen wie Türkenbundlilie, Sibirische Schwertlilie, Wollgras und Sumpf-Glanzkraut oder fleischfressende Pflanzen wie Sonnentau und Fettkraut. Viele der Pflanzen dort sind gefährdet und deshalb streng geschützt.

Was Einheimische am Silberbrünnl zu finden hoffen, ist kein Silberschatz, sondern Ruhe und Entspannung. Einen Eindruck davon vermittelt „Aichach am Ohr". Für dieses Gemeinschaftsprojekt des Stadtmuseums Aichach und der Volkshochschule Aichach-Friedberg haben Aichacher Hörbeiträge zu besonderen Orten in und um Aichach produziert. Einer davon dreht sich um das Silberbrünnl. Da hört man nicht nur das Bächlein plätschern. Drei Menschen aus dem Wittelsbacher Land erzählen, was sie am Silberbrünnl schätzen. Im Internet ist er zu finden unter www.aichachamohr.de. Dort finden sich noch 14 weitere Beiträge.

Lage Im Bernbacher Wald zwischen dem Aichacher Ortsteil Oberbernbach und Hollenbach.
Tipp Ein etwa acht Kilometer langer Rundweg führt vom Grubethaus zwischen den Aichacher Ortsteilen Unterschneitbach und Algertshausen aus zum Silberbrünnl, markiert mit blauen Kreisen an Bäumen, Gehzeit etwa drei Stunden. Am Grubethaus gibt es Parkplätze, am Wochenende ist es auch bewirtschaftet.

Das große Ohr des Geheimdienstes ist unübersehbar

Zum Gablinger Standort des Bundesnachrichtendienstes führt sogar ein Wegweiser

von Christoph Frey

Zu übersehen war es wegen seines oberirdischen Antennengitters noch nie. „Elefantenkäfig" lautete der Spitzname des Gebildes, das die US-Streitkräfte Anfang der 1970er-Jahre bei Gablingen errichteten und das Teil einer Abhöranlage ist. Die US-Truppen sind fort, mittlerweile ist der Bundesnachrichtendienst Herr im Haus. Das ist kein Geheimnis. Das kann jeder nachlesen, der sich an das Eingangstor unweit der B 2 begibt. An dem Metallgitter hängt ein Schild mit dem Bundesadler. Darauf steht „Bundesnachrichtendienst".

Das Schild brachte der wegen seiner Aktivitäten ins Gerede gekommene Dienst im Zuge einer Transparenzoffensive im Sommer vor drei Jahren an. Damit endeten jahrelange Spekulationen. Gemunkelt worden war schon lange, dass der BND die von den Amerikanern erbaute Anlage weiter betreibt. Anfang des Jahrtausends hatte der damalige SPD-Landtagsabgeordnete Franz Maget Gablingen als BND-Posten geoutet und es nur gut gemeint. Der Horchposten in Schwaben sollte ausgebaut werden, um Bayern für den Verlust der BND-Zentrale zu entschädigen, die von Pullach nach Berlin wanderte.

Das große Ohr des Geheimdienstes hat ganz offiziell einen Chef. Baudirektor Alois Nöbauer kam zum Gratulieren, als die neue Augsburger Justizvollzugsanstalt in unmittelbarer Nachbarschaft eröffnet wurde. Weniger entzückt waren indes zuletzt Parlamentarier des NSA-Untersuchungsausschusses in Berlin. „Schwierig" sei Zeuge Nöbauer gewesen, klagten sie. Der Verdacht, dem die Abgeordneten nachgingen: Horcht der US-Geheimdienst NSA mithilfe seiner Partner vom BND in Gablingen in Deutschland mit? Mithilfe des Elefantenkäfigs, der 300 Meter Durchmesser und eine Höhe von mehr als 30 Metern hat, wird angeblich bis nach Afghanistan gelauscht. Nach offiziellen Angaben aus Berlin richtet sich die Aufmerksamkeit auf „über Funk geführte

„Elefantenkäfig" lautet der Spitzname des Gebildes, das die US-Streitkräfte bei Gablingen errichteten.

ausländische Telekommunikation". Im Zentrum der kreisrunden Antenne steht ein fensterloser Bau. Dort zufolge sollen elektronische Installationen bis zu 25 Meter tief unter die Erde reichen. Einmal, 1997, tauchte kurzzeitig ein Einsatzplan der Feuerwehr auf. 220 Büros seien in dem Komplex, 400 Türen wurden aufgeführt. In Gablingen leben die Menschen seit Jahrzehnten „mit" der Anlage. Denn um den Empfang nicht zu stören, sind in der Nachbarschaft größere Metallflächen und Schweißarbeiten unerwünscht. Das kann Einschränkungen für Betriebe bedeuten. Die neue Justizvollzugsanstalt musste auf die übliche Gefängnisschlosserei verzichten, die Zahl der Kräne für das damals größte Hochbauvorhaben in der Region blieb begrenzt.

Die Adresse „Am Flughafen" verweist auf die Geschichte des Areals, das nach einer langen Zeit als militärisches Sperrgebiet inzwischen zum Teil wieder zivil genutzt wird. 1916 hatte das Kriegsministerium im Auftrag des letzten bayerischen Königs Ludwig III. den Flugplatz errichtet. Damals entstanden Hallen, Tankanlagen und ein Schießstand. Im Dritten Reich diente der Flughafen als Umschlagplatz für Ausrüstung, Munition und Verpflegung. In einer KZ-Außenstelle, deren Überreste heute außerhalb des Sperrgebietes liegen, mussten Häftlinge für die Rüstungsindustrie schuften.

Nach dem Krieg übernahmen die Amerikaner. 1971 begann der Bau des Antennengitters, für das sich auch die Stasi brennend interessierte. Die Erkenntnisse des DDR-Geheimdienstes waren so brisant, dass sie bis ins Jahr 2011 der Geheimhaltung unterlagen.

Lage Die Bundesstraße 2 bei der Abfahrt Gersthofen Bergstraße verlassen. Dann dem Wegweiser „Bundesnachrichtendienst" folgen. Die Straße endet vor einem verschlossenen Tor. Dahinter beginnt der Sperrbereich.

Vom Hafen Augsburg bis zum Schwarzen Meer

Die Visionen des Architekten Karl Albert Gollwitzer sind auch 100 Jahre nach seinem Tod lebendig

von Alexander Rupflin

Ein Visionär ist einer, der aus der Perspektive seiner Zeit irreale Realitäten erschaffen will. Einer, der sich etwa Augsburg als Hafenstadt und Handelsmetropole erdenkt, wie es der Architekt Karl Albert Gollwitzer Anfang des 20. Jahrhunderts getan hat. Seine Idee: Die Stadt mit der Donau zu verbinden, dadurch einen Zugang bis zum Schwarzen Meer zu schaffen und ein Handelshafen rund um den Fünffingerlesturm und der Kahnfahrt zu erbauen. Ganz neu war der Gedanke zwar schon damals nicht. Bereits 1828 gab es den utopisch anmutenden „Entwurf eines Systems schiffbarer Canäle im Königreich Bayern" in dem eine solche Verbindung eingezeichnet ist, aber nie schien die Vision so realisierbar wie um die Jahrhundertwende.

Beim „Verein für Fluß- und Kanalschifffahrt in Bayern", gegründet von Prinz Ludwig von Bayern, warb Gollwitzer für seine Idee in einem Vortrag mit dem Titel „Augsburg – eine Donaustadt". Die Stadt aber ließ sich davon wenig begeistern. Das änderte sich auch nicht, als 1901 der Prinz persönlich nach Augsburg kam und betonte: „Es war Gollwitzer selbst, der bewiesen hat, dass dieser Anschluß von Augsburg an die Donau möglich ist." Gollwitzer ließ nicht locker und veröffentlichte ein Werbeplakat mit dem Schriftzug „Das Donau-Schiff im Augsburger Stadtgraben". Darauf betonte er die Ähnlichkeit seiner Pläne zu den Welthandelsstädten wie Hamburg, Amsterdam oder Venedig. Seiner Vorstellung nach sollte Augsburg zur

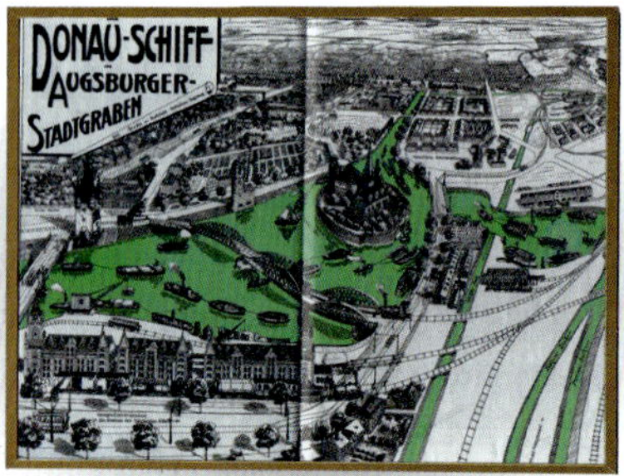

So sahen die Pläne von Karl Albert Gollwitzer für einen Hafen am Lech in Augsburg aus.

Metropole heranwachsen – oder wie es schon in dem Entwurf 1828 hieß: „zum größten Industrie-Bezirk des Kontinents". Nur ein Jahr später wurde Gollwitzers Vision versenkt. Die Industrie- und Handelskammer beschloss die Bebauung der Klaucke-Wiese und machte das Hafenprojekt damit unmöglich. Hingegen die Idee, Augsburg an die Donau anzuschließen, blieb noch Jahrzehnte bestehen. Bis 1940 wurde eine Stelle am Stadtrand für einen Hafen vorgesehen. Erst 1960, nach dem Bau von Kraftwerken am Unterlauf des Lechs und dem Baubeginn des Main-Donau-Kanals verkamen die Pläne zur Hafenstadt Augsburg endgültig zu schwäbischen Seemannsgarn. Karl Albert Gollwitzer starb am 1917 in Augsburg. So jährte sich am 9. Oktober 2017 der Todestag des Baumeisters und Visionärs zum 100. Mal. Als Reminiszenz gab es schon am Obstmarkt im Juni 2017 eine „Hafenrundfahrt" mit den Booten der Kahnfahrt.

Auch für Bertolt Brecht hatte der Stadtgraben übrigens eine besondere Bedeutung. Seiner Jugendliebe Marie Aman soll er hier, ein Jahr vor Gollwitzers Tod, den ersten Kuss gegeben haben. Es wäre auch zu schade, hätte dieser an einem schmutzigen Hafenbecken stattgefunden.

Lage Die Kahnfahrt liegt im Bleichviertel, nordöstlich der Augsburger Innenstadt.
Tipp Der Familienbetrieb mit Bootsverleih bietet im Sommer schwäbische Gerichte im Biergarten und im Winter Fondue.

Warum die Paar dem Lechtal entflieht

Ein Fluss nagt sich unaufhörlich in Richtung Südwesten, bis in Ottmaring der Durchbruch entsteht

von Philipp Schröders

Langsam arbeitet sich der Fluss durch den Kiesuntergrund. Jahr um Jahr, Stück für Stück – immer weiter in Richtung Südwesten, bis beide Gewässer sich vereinigen. Fast scheint es, als werde die untere Paar magisch von ihrer Schwester im Süden angezogen. Die Vereinigung liegt schon lang zurück. Bis nach dem Ende der Eiszeit vor gut 10.000 Jahren mündete die obere Paar bei Mering in den Lech. Die rätselhaften Auswirkungen der Verbindung sind bis heute zu sehen.

Aber wer auf die Landkarte schaut, runzelt die Stirn. Von Süden her kommend fließt die Paar brav parallel zum Lech. Doch am Nordrand von Kissing macht sie plötzlich einen Schlenker. Beim Friedberger Stadtteil Ottmaring verlässt sie das Lechtal und fließt weiter in Richtung Nordosten ins Tertiärhügelland, nach Dasing, weiter nach Aichach. Die wellige Region besteht aus Millionen Jahre altem Abtragungsschutt der Alpen, aus Schotter und dem Material, das die Alpenflüsse während und nach den Eiszeiten in Richtung Donau transportiert haben. Beim oberbayerischen Vohburg, also erst nach Ingolstadt, mündet die Paar schließlich in die Donau – nach 134 Kilometern und unzähligen Mäandern. Vom Lech hat sie sich da längst weit entfernt. Der mündet bei Rain in die Donau. Aber wie ist der Paardurchbruch in Ottmaring entstanden? Warum haben sich die beiden Flüsse vereinigt?

Der Forscher Wolfgang Schmid spricht von einem „Kampf zweier Flusssysteme". Die untere Paar, also der heutige nördliche Teil, entsprang noch

Die reinste Idylle herrscht am Paardurchbruch bei Ottmaring, wo der Fluss heute weg vom Lechtal nach Osten abzweigt.

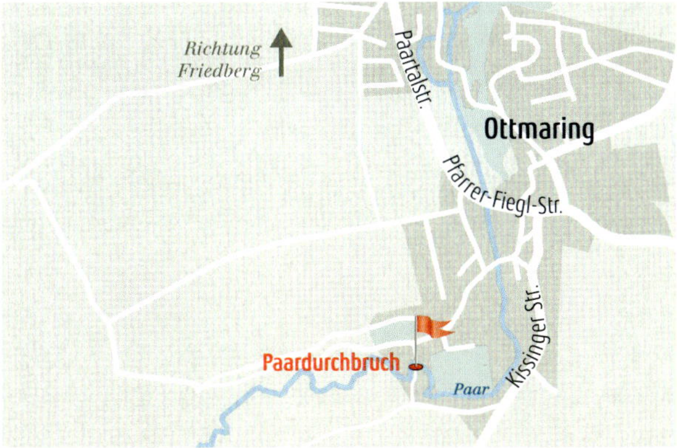

während des Pleistozäns im Raum Ottmaring. Sie verlagerte ihr Quellgebiet durch sogenannte rückschreitende Erosion (ein Wasserfall z. B. wandert durch Abtragung von Gestein flussaufwärts zurück) immer weiter südwärts und näherte sich dem Lechtalrand.

Entscheidende Veränderungen gab es auch bei der oberen Paar im Süden. Der Friedberger Heimatforscher Hubert Raab erklärt: „Eine Hochflut des Lechs verschüttete ihr die Mündung und zwang sie, entlang des Lechrains als rechte Randrinne im Lechtal ein eigenes Bett zu suchen." Für kurze Zeit vereinigte sich die obere Paar mit der Friedberger Ach – es kam also noch ein Gewässer ins Spiel. Zusammen flossen sie am Lechtalrand zur Donau.

Doch damit wollte sich die untere Paar nicht abfinden. Noch trennte ein Riegel aus Molassekies die beiden Schwester-Flüsse. Doch sie nagte sich immer weiter hinein. Schmid glaubt, dass ihr die starke Grundwasserführung in den Kiesschichten zugutekam. Jedenfalls gelang es der unteren Paar, den Lechrain zu durchschneiden, die obere Paar anzuzapfen und in ihr eigenes Bett abzulenken. Zum Glück für die Wanderer und Spaziergänger heute: Denn eine Tour an der Paar, die hier gesäumt ist von steilen Wänden und Böschungen, ist zu jeder Jahreszeit idyllisch und lohnenswert.

Lage Die Brücke über den Paardurchbruch befindet sich ganz in der Nähe des Sportgeländes in Ottmaring. Wer den Weilerweg aus dem Ortsteil heraus entlangwandert, biegt hinter dem letzten Haus links ab und sieht sofort den Steg.
Tipp Eine schöne Wanderroute zum Paardurchbruch ist unter www.wittelsbacherland.de (Rubrik Freizeit & Erholung) zu finden. Startpunkt ist der Bahnhof Friedberg.

Wie eine Dienstmagd zur Bistumsheiligen wurde

Die Verehrung der Radegundis reicht 700 Jahre zurück. Noch heute bekommen Kinder dazu schulfrei

von Walter Kleber

Es muss ein grausamer Tod gewesen sein, den die Vieh- und Dienstmagd Radegundis gestorben ist. Glaubt man der Legende, dann wurde die junge Frau – vor über 700 Jahren in Wulfertshausen bei Friedberg geboren – nachts im dunklen Wald von einem Rudel hungriger Wölfe angefallen und zerfleischt. Radegundis, so wird überliefert, sei mit einem Korb Essen auf dem Weg vom Schloss Wellenburg zu bedürftigen, armen Leuten am Fuß des Schlossberges gewesen, die sie – heimlich und zum Missfallen ihrer Herrschaft – versorgte und pflegte. Leben und Wirken der jungen Samariterin, die einen so schrecklichen Tod sterben musste, gaben schon bald Anlass für eine tiefe Verehrung der Magd im einfachen Volk.

Wissenschaftlich und historisch belegt ist eine Dienstmagd namens Radegundis auf Schloss Wellenburg zu dieser Zeit allerdings nicht, wie der frühere Kreisheimatpfleger Walter Pötzl in seinem Landkreisbuch „Brauchtum" schreibt. An die Stätte ihrer ursprünglichen Verehrung erinnert unweit von Wellenburg allerdings noch heute die 1885 erbaute Kapelle.

Das älteste schriftliche Zeugnis der Radegundis-Heiligenlegende findet sich in einem Augsburger „Legendar" von 1601. Ein geschnitztes Figürchen – heute im Maximilianmuseum Augsburg –, drei Holzschnitte und drei Gedenkmünzen belegen, dass die Legende noch rund hundert Jahre älter ist. Fürst Anselm Maria Fugger ließ die sterblichen Überreste der bald als

Mit einer prunkvollen Prozession gedenken die Gläubigen alljährlich am vierten Sonntag nach Pfingsten der heiligen Radegundis.

Ortsheilige verehrten Radegundis am 5. August 1812 nach Waldberg – heute ein Stadtteil von Bobingen – übertragen, wo sie heute im Hochaltar der Pfarrkirche verehrt werden. Auf Betreiben des Ortspfarrers Leonhard Haßlacher erfuhr St. Radegundis am 3. November 1981 eine besondere Würdigung: Das Augsburger Domkapitel erhöhte sie zur Diözesanheiligen.
Seit 1819 wird in Waldberg alljährlich am vierten Sonntag nach Pfingsten das Radegundisfest mit barockem Prunk und altüberlieferter Choreografie gefeiert. Bereits zeitig in der Frühe werden die Dorfbewohner mit Musik geweckt. Der musikalische Gruß der Blaskapelle gilt auch den Wallfahrern aus Rommelsried, die schon seit vielen Jahren zum Radegundisfest pilgern. Zum Hochamt wird dann die zweite Wallfahrergruppe mit Pilgern aus Wulfertshausen erwartet. Im Anschluss setzt sich die traditionelle Prozession über die Fluren des Ortes in Bewegung, die an vier geschmückten Altären halt macht und wieder zur Kirche zurückkehrt.
Acht Radegundismädchen in einheitlichen Trachten führen die mit Lilien geschmückte Figur der Radegundis im Zug mit. Eng verbunden mit dem Radegundisfest ist in Waldberg ein traditioneller Jahrmarkt. Nach alter Tradition genießen die Kinder von Waldberg und dem benachbarten Kreuzanger am Festmontag ein seltenes Privileg: Sie haben schulfrei.

Wissenswertes Das Radegundisfest in Waldberg bei Bobingen findet jedes Jahr am vierten Sonntag nach Pfingsten statt. Das Hochamt mit einem hochrangigen Festprediger beginnt um 9 Uhr in der üppig geschmückten Radegundiskirche. Die Prozession über die Fluren des Dorfes schließt sich an. Im Festzelt gibt es von Freitag bis Sonntag Festbetrieb mit viel Blasmusik. Begleitet wird das Radegundisfest von einem kleinen Jahrmarkt.

Warum Autos hinter meterdicken Mauern parken

Die Mitarbeiter von MT Aerospace haben einen kuriosen Parkplatz. Er entstand im Zweiten Weltkrieg

von Jörg Heinzle

Was haben sich die Erbauer dieses Parkplatzes gedacht? Diese Frage stellt sich vermutlich so mancher Besucher, der die Wolfzahnau in Augsburg aufsucht. Das Landschaftsschutzgebiet liegt zwischen Lech und Wertach. An der Nordspitze des Areals vereinigen sich beide Gewässer. Und auf der anderen Seite, beim Zugang zu der wildromantischen Naturlandschaft, parken Mitarbeiter des Raumfahrtkonzerns MT Aerospace ihre Autos – umgeben von einer meterdicken Betonmauer.

Es geht aber nicht darum, die Fahrzeuge der Angestellten besonders zu schützen. Die massive Mauer in Form eines Rechtecks mit den Maßen 50 auf 60 Meter ist ein Relikt aus der Zeit des Zweiten Weltkriegs. Es handelt sich um die Reste eines Bunkers, der aber nie fertiggestellt wurde. Vorgesehen war, dass das Bauwerk für die Produktion von Großmotoren genutzt wird, wie sie in U-Booten zum Einsatz kommen.

Direkt neben dem geplanten Bunker lag auch damals schon das Werksgelände des Motorenherstellers MAN. Die Schiffsmotoren waren aus Sicht der Wehrmacht wichtig. Deshalb sollte die Produktion trotz der Luftangriffe durch die Alliierten geschützt hinter dicken Betonmauern weiterlaufen. Baubeginn war aber erst im Jahr 1944. Bereits im April 1945 rückten amerikanische Soldaten in die Stadt ein, der Weltkrieg ging kurz darauf zu Ende. Erhalten ist ein offizieller Bericht vom Dezember 1944. Ein Mitarbeiter des

Der nie fertiggestellte Großbunker in der Wolfzahnau mit meterdicken Außenmauern wird heute von MT Aerospace als Parkplatz genutzt.

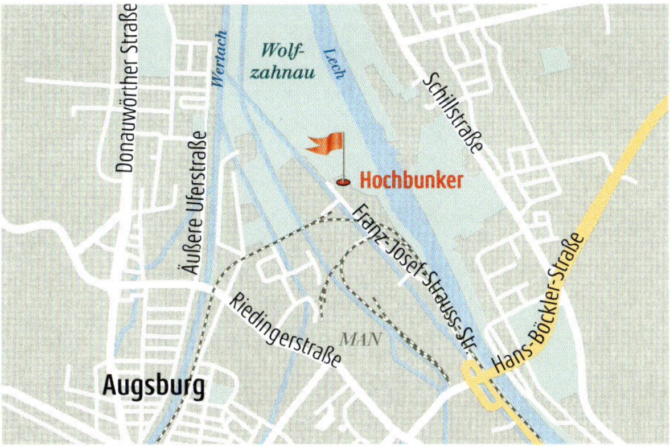

„Rüstungsstabs Bau" im Reichsministerium für Rüstung und Kriegsproduktion listet nach einem Besuch in Süddeutschland den Stand der Dinge bei verschiedenen Rüstungsbauprojekten auf. Er lobt in dem Dokument die Anstrengungen bei MAN in Augsburg, die Produktion zu schützen. Das Bunkerprojekt scheint jedoch noch nicht weit gediehen zu sein. Darüber heißt es: „Der Bunker ‚Arno' ist erst in seinen Anfängen fertiggestellt. Über seine Weiterführung wird besonders zu entscheiden sein." Gedacht war wohl, einen sogenannten Hochbunker zu errichten. Das heißt, dass Bauwerk sollte überwiegend über dem Niveau der Erdoberfläche liegen. So wurde häufig dann gebaut, wenn nasser Untergrund den Bau von Tiefbunkern erschwerte – und es galt als kostengünstiger. Es soll beim Bunker „Arno" auch noch eine untere Etage gegeben haben. Augenzeugen von damals berichten von einer Treppe, die nach unten in einen Schacht führte. Davon ist allerdings nichts mehr zu sehen.
In unmittelbarer Nähe zu „Arno" finden sich im Wald auch noch kleinere Bunkerreste und Reste von Unterständen, die als Flugabwehrstellungen genutzt worden sein sollen. Wer einmal in einen Bunker hinabsteigen will, kann das an anderer Stelle tun – der Bunker in der Fuggerei kann besichtigt werden.

Lage Die Reste des Bunkers befinden sich in der Wolfzahnau in Augsburg. Die Zufahrt erfolgt von der Westseite der Lechbrücke bei der MAN über die Franz-Josef-Strauß-Straße. Er liegt außerhalb des umzäunten Areals des Firmengeländes von MT Aerospace.
Tipp Den Bunker-Besuch verbindet man am besten mit einem Spaziergang durch die landschaftlich reizvolle Wolfzahnau. Seit einigen Jahren grasen hier auch Rinder.

Das Drama um den König und seine Folgen

Was wohl aus Oberwittelsbach geworden wäre, hätte Pfalzgraf Otto nicht den Stauferkönig erschlagen

von Carmen Jung

Es ist ein Mord, dessen Motiv bis heute nicht zweifelsfrei geklärt ist. Die einen sprechen von einem Racheakt aus Eifersucht, andere von einer politischen Verschwörung. Fest steht aber: Dieser Mord an einem König ist schuld daran, dass Oberwittelsbach, vor knapp 1000 Jahren noch ein Zentrum bayerischer Macht, landesweit nur Geschichtsfreunden ein Begriff ist. Welche Bedeutung hätte der Aichacher Ortsteil wohl heutzutage, wenn er Stammsitz der Wittelsbacher geblieben wäre?

Der Reihe nach: Es war 1115, als sich erstmals ein Graf Otto von Scheyern nach der Burg Wittelsbach an der Straße von Augsburg nach Regensburg benannte. Otto IV. verlegte seine Residenz von Scheyern auf den Berg von Oberwittelsbach, der über dem Paartal thront. Der Burgherr war Pfalzgraf, also ein Vertreter des Königs im Herzogtum, wie Wolfgang Brandner, Vorsitzender des Heimatvereins Aichach, erklärt. Otto ließ die Burganlage erweitern. Der Stammsitz des Bayerischen Herrschergeschlechtes gedieh. Krönung des Aufstiegs war 1180, als die Wittelsbacher das Herzogtum Bayern erhielten.

100 Jahre nach der Stammsitzverlegung setzte ein Nachfahre jenes Pfalzgrafen der Immobilie nachhaltig zu – als Folge einer Mordtat, die er beging: Pfalzgraf Otto VIII. nahm am 21. Juni 1208 im Bischofspalast Bamberg dem Stauferkönig Philipp von Schwaben mit dem Schwert das Leben. Damit besiegelte er sein Schicksal und das seiner Burg. Otto VIII. wurde geächtet und hingerichtet, die Burg geschleift. Sie diente der Bevölkerung als Steinbruch. Den Burgplatz gibt es heute noch. Ihn krönt eine Kirche. Quader im Sockel

Der Burgplatz mit Burgkirche in Aichach-Oberwittelsbach. Um den Stammsitz der Wittelsbacher ranken sich schaurige Geschichten.

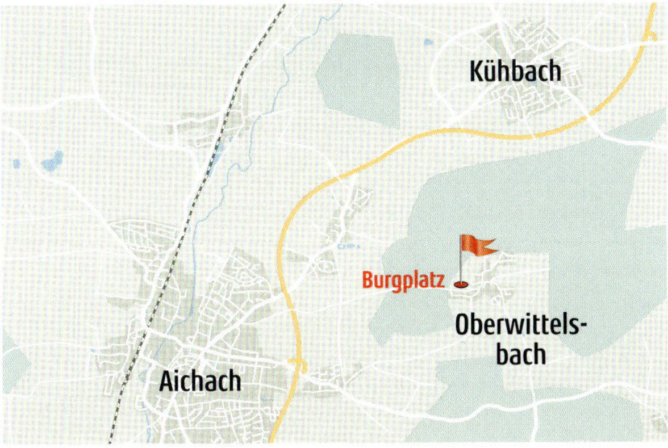

des Turms gehen auf die Stammburg zurück. Teile der Burg-Grundmauern sind laut Brandner heute noch vorhanden. Der Überlieferung nach ist das Gotteshaus 1418 als „Sühnekirche" des Herzoghauses zur Wiedergutmachung des Mordes entstanden. Jahrhundertelang interessierte Oberwittelsbach kaum jemanden. Auch die Wittelsbacher mochten mit ihrem früheren Stammsitz nichts mehr zu tun haben. Das änderte sich im 19. Jahrhundert. König Ludwig I. plante ein großes Denkmal. „Aber Geld steuerten die Wittelsbacher nicht bei", weiß Brandner. Das Geld wurde gesammelt. Auch in der Bevölkerung. 1834 feierten die Menschen das neue Nationaldenkmal, das noch heute auf dem Burgplatz steht.
Mit der landesweiten Bekanntheit könnte es aber doch noch etwas werden. 2020 findet im Wittelsbacher Land die Bayerische Landesausstellung statt. Auf diese Weise wird Oberwittelsbach in den Fokus rücken, wenngleich es wegen der sich hinziehenden Sanierung der Burgkirche nicht wie geplant im Zentrum stehen kann. Im Mittelpunkt sind nun die frühen Wittelsbacher als Städtegründer und damit die Städte Aichach und Friedberg. Ohne den Königsmord hätte das Wittelsbacher Land diese Werbekampagne kaum nötig. Vielleicht wäre es sogar bekannter als München? Nun ja – pure Spekulation.

Lage Der Burgplatz liegt etwas abseits in Oberwittelsbach. Wer von Aichach über die Wittelsbacher Straße hinauf fährt, muss nach links in die Straße Am Burgplatz abbiegen. Zu sehen ist dort die Burgkirche Maria vom Siege, die derzeit renoviert wird. Außerdem erinnert ein Nationaldenkmal an die Historie.
Tipp Es lohnt sich eine kleine Wanderung durch den dichten Wald hinunter nach Unterwittelsbach. Dort steht das Sisi-Schloss, in dem Ausstellungen stattfinden.

Wie Liebe und Hass die Burg Wolfsberg zerstörten

Eine der letzten Ruinen aus der Ritterzeit im Augsburger Land hat Spuren hinterlassen

von Sven Koukal

Was haben das Spital in Dinkelscherben, die Bahnstrecke Augsburg-Ulm und eine Ruine bei Zusmarshausen miteinander zu tun? Die Verbindung erschließt sich den Besuchern der Burgruine Wolfsberg über dem Dorf Steinekirch nicht auf Anhieb. Viel ist auf der Anhöhe von der ehemaligen Burg heute nämlich nicht mehr übrig: Zwischen dem schattigen Laubwald, drei Gehöften und einem neu angelegten Gemüsegarten erinnern lediglich rund vier Meter hohe Mauern und ein elf Meter hoher Turm an die historischen Wurzeln des Burgbergs. Die Überreste des Bergfrieds bilden eins der wenigen steinernen Zeugnisse aus der Ritterzeit im Augsburger Land. Insgesamt 65 Burgen und Burgställe gab es in der Region.

Nachweise über die hochmittelalterliche Burganlage reichen bis ins 10. Jahrhundert zurück. In dieser Zeit ist die Burganlage wohl entstanden. Erster Inhaber war das Rittergeschlecht Fraß.

Das Wappen der Burg ziert ein Wolf. Trotz des Friedensvertrags mit dem Bischof Wolfhart sowie dem Herzog Ludwig von Bayern im Jahr 1292 ging es dort oben nicht immer friedlich zu. Auch mit den Nachfolgern, der Familie Schwelcher, kehrten keine ruhigeren Zeiten ein. Im Gegenteil: Die Söhne Emich und Konrad sorgten nach dem frühen Tod des Vaters für Unruhe. Da die beiden zu jung waren, um die Burg selbst zu führen, übernahm der Vetter und Edle Ritter Johann von Roth die Vormundschaft über die beiden Heranwachsenden. Das passte dem Nachwuchs überhaupt nicht, das Verhältnis gilt als schwierig. So umgaben sie sich zum Trotz mit Raubrittern

Mächtig türmen sich die verbliebenen Mauern der Burgruine Wolfsberg oberhalb der Ortschaft Steinekirch auf. Heute ein beliebtes Ausflugsziel.

und boten diesen sogar die Burg als Versteck an. Als sich Emich zudem in die Tochter des Vetters verliebte, dieser aber eine Hochzeit untersagte, eskalierte die Situation auf der Burg.
Beim Versuch, zwei Handelsreisende zu überfallen, flüchteten die Angegriffenen zum Ritter Roth und suchten dort Schutz. Es kam zum großen Kampf, bei dem sowohl Emich als auch Konrad mit dem Tod durch das Schwert bestraft wurden. Von einem Moment auf den anderen fand das gesamte Raubrittertum auf der Burg Wolfsberg ein Ende. Die Bewohner aus Steinekirch sahen am Horizont ein loderndes Feuer: Das Zeichen der endgültigen Zerstörung der Burg. Ob diese Erzählung der Wahrheit entspricht oder ob es sich nur um eine Sage unter Mönchen handelt, ist bis heute offen. Da es in der Nähe der Burg keine Handelsstraße gegeben hatte, gilt der Vorfall mit den Handelsreisenden als unwahrscheinlich. Möglich ist auch, dass die Burg 1462 von Augsburger Söldnern zerstört wurde.
Sicher ist: 1852 wurde die Burg für den Bau der Bahnstrecke Augsburg-Ulm zum Steinbruch. Das Gestein wurde nicht nur für die Eisenbahn verwendet, sondern ist zudem im Mauerwerk des Spitals im benachbarten Dinkelscherben zu finden. Über den Resten der alten Mauern haben sich mittlerweile Gras und Bäume ausgebreitet.

Lage Das Gelände ist frei zugänglich. Über die Straße Im Holdergrund in der Ortsmitte geht es beschildert rechts über die Straße Am Wolfsberg nach oben zur Ruine. Die Innenseite des Turmes liegt auf einem Privatgelände.
Tipp Den Burg-Besuch verbindet man am besten mit einem Spaziergang durch die umliegenden Wälder und taucht in die Zeit der Ritter und Räuber ein.

Auf den Spuren des Lochbach-Express

Heute transportiert die Localbahn nur Güter. Früher brachte sie Ausflügler in den Siebentischwald

von Wilfried Matzke

Ein innerstädtisches Schienennetz von rund 40 Kilometern mit 19 Industrieanschlüssen betreibt heute die im Jahr 1889 gegründete Augsburger Localbahn. Früher waren es bis zu 82 Kilometer und 76 Anschlüsse. Wer genau hinschaut, kann in 14 der 19 Stadtteile auf Spuren der aufgelassenen 42 Schienenkilometer stoßen. Diese Gleise sind zwar schon abgebaut, aber etliche Brücken und Dämme blieben erhalten. Die Localbahn fuhr über den heutigen Stadtgraben-Fußgängersteg nördlich vom Jakobertor sogar in die Jakobervorstadt. Vielerorts kann man auch noch Schienenreste im Straßenasphalt vorfinden. Es genügt jedoch ein geschulter Blick in Stadtpläne oder Flurkarten, um Localbahn-Spuren zu entdecken. Von ehemaligen Bahnkörpern zeugen besonders geformte Grundstücke, nun häufig Grün- oder Brachflächen, teilweise Biotope. Die Strecken wurden nämlich mit einer speziellen Kurvenform trassiert. Ein besonderes Augenmerk verdient die südliche Localbahn-Stammstrecke nach Haunstetten.

Auch sie hatte man für den Gütertransport konzipiert, aber sie diente zusätzlich dem Personenverkehr. Die Gleise wurden im Jahr 1900 parallel zum Lochbach bis zur Martini-Textilfabrik ganz im Süden der Gemeinde Haunstetten verlegt. Ein Jahr später verkehrte der erste reguläre Personenzug vom Hauptbahnhof über den noch existierenden Haltepunkt Morellstraße zur Endhaltestelle Haunstetten-Ort. Das Wartehaus befand sich nahe dem

Von 1901 bis 1927 fuhren hier auch reguläre Personenzüge, heute nutzen nur noch hin und wieder Sonderfahrten die verbliebenen Schienen nach Haunstetten.

heutigen Feuerwehrgebäude an der Krankenhausstraße. Es kamen für die damalige Zeit moderne Akku-Triebwagen nur mit der vierten Klasse zum Einsatz. Manchmal fuhren längere Züge mit einer Dampflok, vor allem für den sonntäglichen Ausflugsverkehr in den Siebentischwald. Bis zu sieben Verbindungen pro Werktag verzeichnet das Reichskursbuch von 1925. Bedient wurden auch die Haltestellen Siebentisch (bei der Ilsungstraße), Siebenbrunn (am Farnweg) und Haunstetten-Spinnerei (an der Ellensindstraße). 26 Minuten brauchte der sogenannte Lochbach-Express für die 7,5 Kilometer vom Hauptbahnhof bis zur Endhaltestelle. Haunstetten wurde im Jahr 1927 auch an das Straßenbahnnetz angeschlossen. Dies bedeutete das schnelle Ende des regulären Localbahn-Personenverkehrs.

Als trauriges Kapitel der Haunstetter Strecke gilt der tägliche Transport von NS-Zwangsarbeitern vom Pferseer KZ-Außenlager zu den vier Messerschmitt-Flugzeugwerken. Im Jahr 1976 fuhr der letzte Güterzug nach Haunstetten-Ort. Seitdem reichen die Gleise noch bis Premium Aerotec. Der verbliebene Schienenstrang durch die Ilsungheide und entlang des Siebentischwaldes wird für Sonderfahrten oder als Abstellgleis genutzt.

Lage Östlich der Haunstetter Straße findet man den verbliebenen Rest der Localbahn-Strecke nach Haunstetten. Mehrere ehemalige Anschlüsse wie etwa von Messerschmitt sind noch gut erkennbar.
Tipp Mit der Straßenbahnlinie 2 bis zur Haltestelle Baugenossenschaft fahren. Ein Kiesweg auf der anderen Seite der Haunstetter Straße führt zur Localbahn. Wald- und Parkwege verlaufen parallel zum Gleis bis zur Sportanlage Süd.

Um den Derchinger Forst ranken sich Sagen und Mythen

Was so manch einem Vorfahren auf seinem Weg durch den Wald begegnete

von Felicitas Lachmayr

Feurige Augen lugen hinter dem Stamm hervor, gespenstische Lichter kreuzen den Waldweg und seltsame Gestalten sind plötzlich wie vom Erdboden verschluckt, als die Kirchturmuhr mitternachts zwölf Mal schlägt. Um den Derchinger Forst ranken sich zahlreiche Sagen und Mythen. Dabei kennen die meisten das riesige Stück Wald, das sich zwischen Derching und Affing erstreckt, als Ort der Erholung. Ein Ort, der zu einem gemütlichen Sommerspaziergang einlädt, an dem sich Vögel beobachten lassen und kleine Käfer und andere Insekten sich ihren Weg durch das Unterholz bahnen.

Doch für so manch einen Vorfahr dürfte der Spaziergang durch den Derchinger Forst alles andere als ein erholsames Erlebnis gewesen sein. Denn statt Vogelgezwitscher waren bedrohliche Geräusche zu hören, statt auf Käfer stießen die Waldgänger auf seltsame Lichter und Hunde mit rotblitzenden Augen. So erzählen es jedenfalls die Sagen und Märchen, die über den Derchinger Forst bekannt sind. Und davon gibt es zahlreiche.

„Früher waren die Menschen gezwungen, nachts durch den Wald zu laufen, um nach Hause zu kommen", sagt Hubert Raab. Der Friedberger erforschte jahrelang die Geschichte des Landkreises und kennt die Mythen über den Derchinger Forst. „Die Leute waren meistens zu Fuß unterwegs", betont Raab. „Und viele bekamen es mit der Angst zu tun auf ihrem nächtlichen Spaziergang durch den Wald." Ein vorheriger Besuch in der Kneipe

Bei Sonnenschein lädt der Derchinger Forst zu einem erholsamen Spaziergang ein. Doch wer sich nachts durch den Wald wagt, kann es schnell mit der Angst zu tun bekommen.

tat oft sein übriges. Da wurde der Nachhauseweg schon mal zum Horrortrip und es entwickelten sich abenteuerliche Mythen und Märchen. Genaue Orte, an denen sich die Sagen festmachen lassen, gibt es nicht. „Sie entstanden an verschiedenen Stellen und Wegen durch den Derchinger Forst", sagt Raab.

So erzählt eine Sage, wie Leute auf ihrem Weg zwischen Derching und Stätzling immer wieder von einem Hund mit feurigen Augen verfolgt wurden und Bauern den Weg nachts deshalb mieden. An einer anderen Stelle im Wald soll ein junger Bub nachts einer alten Frau begegnet sein. Sie fragte ihn mehrmals nach der Uhrzeit und als es aus der Ferne zwölf schlug, war sie plötzlich verschwunden. Der Junge ging daraufhin nicht mehr nachts allein durch den Wald.

Eine andere Sage erzählt von einem Licht, das Dorfbewohner für die unruhige Seele eines Verstorbenen hielten und das sie so verängstigte, dass sie sich nicht durch den Wald trauten. Ein mutiger Förster wollte dem rätselhaften Licht auf die Spur kommen. Doch als er es sah, bekam er heftige Schläge ins Gesicht und flüchtete aus dem Wald. Er selbst schwieg über das Erlebte, doch die Sage um das Licht wurde wie so viele andere weitererzählt.

Lage Der Derchinger Forst erstreckt sich von Derching bis nach Affing und östlich bis nach Taiting. Bei Frechholzhausen gibt es einen Parkplatz, von dem aus man in den Wald gelangt. Aber es gibt zahlreiche Wege, die in den Forst führen.

Tipp An einem sonnigen Tag wirkt der Wald vielleicht nicht ganz so gruselig, lädt aber zu einem erholsamen Spaziergang ein. Sogar ein Stück des Jakobsweges zieht sich durch den Derchinger Forst.

So geht's Bobingen zu

Ein simpler Satz wird vielfach gedeutet, ist kriminalistisch geklärt und durch einen Burschen verewigt

von Pitt Schurian und Anja Fischer

Direkt an der großen Kreuzung am Kirchplatz in Bobingen sitzt in Stein gehauen ein Bürschlein, schaut verschmitzt und streicht einen Finger unter der Nase durch. Die Sage vom Bobinger Büble ist hier bis heute bekannt. Seinen Satz „So geht's Bobingen zu!" kann man öfter hören – egal, ob damit auf Eigenheiten der Bobinger oder am Stammtisch auf Entscheidungen im Rathaus angespielt wird. Der Satz geht zurück auf Erzählungen, die aus der Zeit um 1800 stammen und um 1970 Anlass für kriminalistische Nachforschungen waren. Rätsel und Missverständnisse verursachte allein die Deutung des Satzes: Ist er in Verbindung mit der Fingerbewegung eine Richtungsweisung oder eine Kommentierung?

Die Antwort: Es steckt mehr dahinter. So fand es um 1970 der Bobinger Polizist und spätere Kripochef von Bremen, Dr. Herbert Schäfer, heraus. Dass die Sage später umgedeutet und zum moralischen Fingerzeig benutzt wurde, ist hingegen eine Erkenntnis des früheren Kreisheimatpflegers Prof. Walter Pötzl. Und es fanden sich noch mehr rätselhafte Spuren, die bis zu den berühmten Sieben Schwaben führen, aber nicht belegbar sind.

Der Kern der Geschichte geht von einem moralischen Vergehen eines jungen Burschen aus Bobingen aus. Er soll eben um 1800 mit einer Magd ein uneheliches Kind gezeugt haben, was damals ein Fall für die Justiz war. Der junge Bobinger wollte einer Strafe entgehen und suchte Rat bei einem weit gereisten, erfahrenen Mann in Augsburg. Der riet dem Angeklagten, sich einfältig zu stellen und auf jede Frage des Richters nur zu antworten: „So geht's Bobingen zu!" Gleichzeitig solle er sich mit der Hand unter der Nase entlangfahren. Diese Rolle könne der Bobinger am besten spielen und durchhalten. Der Bursche eilte nach Hause, übte Spruch und Geste, bis sie ihm zur zweiten Natur wurden: „So geht's Bobingen zu!" Vor Gericht spielte er seine

Das Bobinger Büble wurde einst von der Justiz verfolgt, 1966 wurde ihm ein Denkmal gesetzt.

Rolle so vollendet, dass der Richter voller Mitleid für den armen Tölpel diesen freisprach. Sogleich eilte der erleichtert und froh zu seinem Augsburger Ratgeber und berichtete vom Erfolg seines Bauerntheaters. Nun aber forderte der Winkeladvokat unvorhergesehen ein Honorar und das wollte der sparsame Bobinger nicht zahlen. Deshalb probierte er das bewährte Rezept gleich wieder aus, stellte sich dumm: „So geht's Bobingen zu!" Und wischte sich triumphierend die Nase. So hatte ein kleiner Gauner einen anderen Gauner geprellt.

Aus späterer Zeit stammt eine erweiterte Version. Demnach konnten beide den Mund nicht halten und bald sprach jedermann über den doppelten Streich. So erfuhr auch der Richter, dass er getäuscht worden war, und ließ beide verhaften, um sie zum Tode am Galgen zu verurteilen. Dem Vernehmen nach sollen beide umgehend nach Bannacker zur Hinrichtung gefahren worden sein. So ging es für beide nun „Bobingen zu", aber in anderer Weise ...

Ganz so kann es nicht gewesen sein, fand knapp 200 Jahre später Walter Pötzl heraus: In Bannacker stand nie ein Galgen. Wenn, dann könnte Burgwalden gemeint sein. Vermutlich aber sei das böse Ende später aus moralischer Überlegung hinzugedichtet worden, um den verwerflichen Anlass des ersten Prozesses in Erinnerung zu rufen und das Büble nicht ungeschoren davonkommen zu lassen.

Lage Ein „Bobinger Büble" steht seit 1966 an der Ecke Bahnhofstraße/Hochstraße und erinnert an das „So geht's Bobingen zu!" Gestaltet hat die Figur aus Juramarmor der Augsburger Bildhauer Sepp Mastaller.

Wissenswertes Dr. Herbert Schäfer hat die Sage in der ersten Bobinger Ortsgeschichte niedergeschrieben. Auch die aktuelle Ausgabe geht auf den Fall ein. Prof. Walter Pötzl hat eine zweite Fassung der alten Sage als spätere Umdeutung enttarnt.

Wo US-Soldaten Whiskey tranken

Das Offizierskasino wurde von den Nazis gebaut und vor allem von den Amerikanern genutzt

von Miriam Zissler

Zuletzt ist Kultregisseur Marcus H. Rosenmüller durch die Räume gegangen. Er wollte sich selber ein Bild von dem Bau machen, um festzustellen, ob er als Kulisse für sein Kinoprojekt „Trautmann" passen könnte. Doch er passte nicht. Der Bau wurde viele Jahre unter der Gebäudenummer 180 gelistet. Darunter unterhielten die amerikanischen Truppen während ihrer Zeit in Augsburg das repräsentative Haus: das Offizierskasino.

Nachdem die Streitkräfte der US-Garnison Ende 1998 Augsburg verließen, wurde das rund 70 Hektar umfassende Areal der ehemaligen Sheridan-Kaserne einer neuen Nutzung zugeführt. Dort entstand ein modernes Wohngebiet, Gewerbe siedelte sich an, die Westparkschule wurde bezogen und ein Park angelegt. Auf dem Gelände erinnert nicht mehr viel an die 53 Jahre, in der das Areal von US-Streitkräften als Kaserne genutzt wurde. Erhalten sind das ehemalige Kommandanturgebäude, die Chapel, die Halle 116, die von April 1944 bis April 1945 als Außenlager des Konzentrationslagers Dachau diente und eben das Offizierskasino. Letzteres wurde von 1934 bis 1936 erbaut. Nach der Machtergreifung Hitlers wurden im Deutschen Reich neue Kasernen gebaut. Allein auf dem Pferseer Ackerland wurden drei neue Kasernen errichtet: die General-Kneußl-Infanteriekaserne, die Luftnachrichtenkaserne und die Heeresnachrichtenkaserne. Die Kasernen waren neun Jahre im Betrieb der Wehrmacht. Nach Kriegsende wurden sie von den US-Streitkräften

Das Offizierskasino auf dem Areal der ehemaligen Sheridan-Kaserne wurde von den Nazis erbaut. Es wurde 2006 unter Denkmalschutz gestellt.

übernommen und zu einer Kaserne zusammengeführt: die Sheridan-Kaserne. Das Offizierskasino, das über ein General-Appartment und eine Trinkstube im Kellergewölbe verfügt, wurde von den Amerikanern überwiegend als Freizeit- und Repräsentationsstätte genutzt. Ein rund 100 Quadratmeter großer Festsaal ist mit einer massiven dunkelhölzernen Kassettendecke ausgestattet – ein großes Wandfresko zieht die Blicke der Besucher auf sich. Darauf ist die Schlacht auf dem Lechfeld von 955 dargestellt. Otto Michael Schmitt, der auch die Fassade des Weberhauses am Moritzplatz bemalte, schuf das Fresko im Jahr 1939.
Seit 2006 steht der NS-Bau, der sich im Eigentum der städtischen Wohnungsbaugesellschaft WBG befindet, unter Denkmalschutz und schaffte es in den vergangenen Jahren vor allem durch einen ärgerlichen Vorfall in die Nachrichten: Zum Jahreswechsel 2013/2014 wüteten Randalierer in dem Kasino und zerschlugen 80 Jahre alte Fenster. Nun hat die Stadt Planer beauftragt, die sich über eine mögliche Nutzung Gedanken machen. WBG-Geschäftsführer Mark Dominik Hoppe: „Das ist gar nicht so einfach. Für ein Hotel ist es zu klein, für einen gastronomischen Betrieb zu groß."

Lage Das Offizierskasino befindet sich an der Leitershofer Straße. Es ist der Öffentlichkeit nicht zugänglich.

Hinterkaifeck – Tatort eines ungeklärten Mordes

Vor 95 Jahren werden sechs Menschen grausam getötet. Diese Tat beschäftigt viele Menschen bis heute

von Christian Lichtenstern

Über den Einödhof Hinterkaifeck wächst längst Gras, genauer gesagt Getreide. Doch dieser (Tat-)Ort ist ein Mythos. Nur ein Marterl in der Nähe erinnert an den Ort – und an das grausame Verbrechen vor gut einem Jahrhundert. Ein Mord verjährt nicht und dieser Fall wird ohnehin unvergessen bleiben. Der bestialische Sechsfachmord von Hinterkaifeck ist in die bayerische und die deutsche Kriminalgeschichte eingegangen. Er beschäftigt Menschen bis heute und er wird wohl nie mehr aufgeklärt werden.

Bücher, Filme, unzählige Artikel, Mutmaßungen, gegenseitige Beschuldigungen und Verdächtigungen, Theorien – es gibt vermutlich mehr Thesen über Täter und Motiv wie Einwohner in dem kleinen Dorf Gröbern, das gut 500 Meter nördlich des Hofs liegt, der kurz nach der Tat abgerissen wird. Rund sechs Kilometer von Schrobenhausen entfernt, ereignet sich in der Nacht zum 1. April 1922 auf dem abgelegenen Anwesen Schreckliches. Was sich genau auf der Hofstelle ereignet hat, weiß bis heute aber niemand. Ein Unbekannter (oder doch mehrere?) tötet sechs Menschen. Die Tatwaffe ist eine sogenannte Reuthaue. Mit der wird dem Ehepaar Andreas und Cäzilia Gruber, ihrer verwitweten Tochter Viktoria Gabriel, deren Tochter Cäzilia (7) und Sohn Josef (2), sowie der erst am Tag zuvor auf den Bauernhof gekommenen Magd Maria Baumgartner aus Kühbach der Schädel eingeschlagen. Die Tat wird erst

Ein Marterl erinnert an den schrecklichen Sechsfachmord auf dem Einödhof Hinterkaifeck bei Waidhofen (Kreis Neuburg-Schrobenhausen). „Touristen" gehen mit Laternen bei Führungen zum Tatort.

vier Tage später entdeckt. Die ganzen Umstände sorgen bis heute für Spekulationen. Die Polizei vermutet, dass sich der oder die Täter noch länger im Haus aufgehalten haben. Warum? Das Vieh im Stall wird weiter versorgt, der gesamte Brotvorrat ist aufgebraucht und das Fleisch in der Vorratskammer frisch aufgeschnitten. War es ein Fememord? Ging es um Waffenschmuggel in der Zeit nach dem Ersten Weltkrieg oder um Selbstjustiz für Inzest zwischen Vater und Tochter? Oder war es doch ein Raubmord? Von einem Goldschatz ist bei Zeitgenossen die Rede, den Bauer Gruber vergraben haben soll. Die aus München herbeigeholten Kriminaler ermitteln in alle Richtungen, vernehmen über 60 (!) Verdächtige, schalten sogar einen Hellseher ein – ohne Erfolg. 1955 werden die Akten geschlossen. Der Fall endet damit nicht. Die Toten sind ohne Schädel auf dem Friedhof in Waidhofen bestattet. Viele Anwohner, darunter auch Nachkommen von damals Verdächtigten, wünschen sich, dass diese schreckliche Geschichte endlich ruht. Doch Hinterkaifeck zieht Menschen regelrecht an. Sogar nächtliche Laternenwanderungen führen nach Hinterkaifeck und zum Marterl (Aufschrift: „Gottloser Mörderhand…") – nach einem Vier-Gänge-Menü in Waidhofen. Das ist für andere makaber. Rätselhaft ist dieser Ort ganz bestimmt.

Lage Hinterkaifeck gibt es nicht mehr. Ein Marterl erinnert an die Tat auf dem Einödhof 500 Meter südlich des Ortes Gröbern (Waidhofen, Kreis Neuburg-Schrobenhausen).
Tipp Im Bayerischen Polizeimuseum Ingolstadt läuft bis September 2018 die Sonderausstellung „Mythos Hinterkaifeck – Auf den Spuren eines Verbrechens".
Öffnungszeiten Dienstag bis Freitag: 9 bis 17.30 Uhr; Samstag und Sonntag: 10 bis 17.30 Uhr.

Hier sollten Barrikaden die Ungarn aufhalten

Auf dem Buschelberg bei Fischach thronte einst eine Wehranlage. Zu ihr gibt es auch eine Sage

von Jana Tallevi

Hier oben im dichten, etwas unheimlichen Wald über der Schmutter muss der Wanderer seine Augen offen halten. Ohne die Tafeln des Arbeitskreises für Vor- und Frühgeschichte wären sie für den Laien wohl gar nicht sichtbar: die Überreste einer der größten und eindrucksvollsten frühmittelalterlichen Ungarnschutzburgen des Augsburger Umlands. Sie befand sich auf dem Buschelberg, das kommt von Burgstall, bei Fischach, im heutigen Weiler Heimberg.

Die Anhöhe über der Schmutter war wohl schon 2500 Jahre vor Christus besiedelt und später auch befestigt, das haben Grabungen ergeben. Eine besondere Bedeutung kam ihr aber zwischen 900 und 955 zu, der Zeit der schlimmsten Ungarneinfälle. Der passionierte Archäologe Otto Schneider deutete nach einer Notgrabung im Jahr 1976 die Reste so, dass die Burgwallanlage nochmals aufgeschüttet und mit Pallisaden verstärkt wurde – eine typische Vorgehensweise zur Zeit der Ungarneinfälle. Flüchtig und schnell schien die Anlage so entstanden zu sein. Sie war vermutlich noch gar nicht fertiggestellt, als sie gegen Ende des 10. Jahrhunderts wohl schon wieder aufgegeben wurde. Schließlich war die Gefahr, gegen die sie schützen sollte, gebannt. Deutlich sichtbar sind jedoch noch etwa die Barrikadenhügel, die, einer nach dem anderen aufgeschichtet, mit dichtem Gestrüpp bepflanzt und teilweise sogar mit spitzen Pflöcken durchsetzt, die ungarischen Reiter aufhalten sollten. Vergessen wurde die Burganlage bis heute nicht. Im Volksmund spielt

Nur noch wellenförmige Erhebungen erinnern an den Burgwall auf dem Buschelberg.

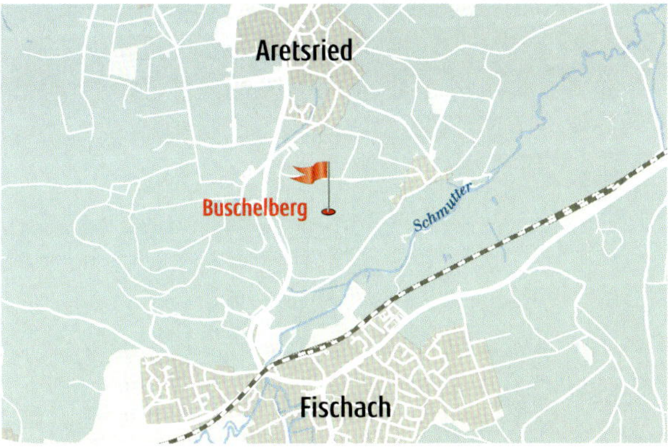

die Sage der drei Schwestern. Demnach wohnte auf der Burg ein wilder, grausamer Mann, der ausschweifende Feste feierte. Die Menschen im Dorf hatten Angst vor ihm, doch eines Tages kam der böse Mann auf der Jagd ums Leben.
Zurück blieben seine drei Töchter. Die zwei älteren waren nett und freundlich, die jüngste Wilbeth aber genauso wild und grausam wie ihr Vater. Irgendwann entführte sie einen Fischerbuben aus dem Dorf, der nicht mit ihr spielen wollte. Auf der Brücke, die zur Burg führte, konnte er sich befreien. Das machte Wilbeth nur noch wütender: Sie zog ein Messer.
In diesem Moment grummelte die Erde, die Brücke stürzte ein und riss die böse Tochter in die Tiefe. Auch die Burg wurde von der Erde verschlungen, zurück blieb nur der Hügel, den man heute Buschelberg nennt. Retten konnte sich der kleine Junge und die freundlichen Schwestern Wilbeths. Um die Grausamkeiten von Vater und Schwester zu sühnen, schenkten sie den Dorfbewohnern einen Teil ihres Schmucks. Sie vkonnten sich neue Häuser bauen – dort, wo jetzt Fischach liegt.
Heute machen der Naturparkverein und der Regionalentwicklungsverein ReALWest die Geschichte des Buschelbergs regelmäßig bei Wanderungen erlebbar. Der geschichtliche Lehrpfad ist von Heimberg aus zugänglich.

Geschichte Der Buschelberg erhebt sich am nördlichen Rand von Fischach. Ein archäologischer Fund lässt auf eine erste Besiedlung des Hügels schon vor der Bronzezeit um etwa 2500 vor Christus schließen. Der wesentliche Ausbau der Wehranlage der Burg geschah in der ersten Hälfte des 10. Jahrhunderts, als die Ungarn ins Land einfielen.
Lage Die Anlage ist von Heimberg aus zugänglich, dort kommt man am Mozart-Haus vorbei.

Wo Wasser über Wasser fließt

Die Zirbelnuss-Brücke in Augsburg ist ein magischer Ort und hilft bei der Spurensuche zur Machina augustana

von Markus Schwer

Brücken sind Bauwerke, die verbinden. Brücken überspannen Flüsse und Täler, verbinden Länder und Menschen. Normalerweise. Brücken können aber auch trennen. In Augsburg trennt eine Brücke ein Wasser vom anderen. Sie heißt „Zirbelnuss-Kanal-Brücke", löst bei Betrachtern ein überraschtes „Hoi?!" aus und kann eine großartige Geschichte aus Augsburgs großer Geschichte erzählen.

Sie gehört zur Unesco-Welterbe-Bewerbung der historischen Wasserwirtschaft. 192 Kilometer Wasserläufe durchziehen die Stadt. Seit mehr als 500 Jahren sind Trinkwasser und Wasserkraft ein Quell für künstlerische wie technische Meisterwerke. Man denke an Wassertürme, Brunnen, Pumpen, Kanäle, Wasserwerke – und die berühmten Prachtbrunnen. Dahinter stecken unglaubliches Wissen, Erfindungsgeist und Können von Ingenieuren, Handwerkern, Baumeistern und Bildhauern. Wie also kam es zur Wasser-über-Wasser-Brücke? Nun, neben den Wassertürmen am Roten Tor mit den Hebewerken und der Doppelwendeltreppe gab es noch ein „Unteres Wasserwerk": Der Brunnenturm steht noch, oben am Mauerberg und versorgte seit 1502 zuerst den Bischof und dann die Domstadt mit Trinkwasser. Doch wie kam dieses dort hinauf, gut 33 (!) Meter über dem Stadtgraben?

Sieben übereineinander angeordnete, schneckenähnliche Archimedische Schrauben transportierten, von einem Wasserrad angetrieben, das saubere Wasser anfangs auf die halbe Turmhöhe. Beschrieben hat diese „Machina

Wenn das Wasser in der Sonne glitzert, ist die Zirbelnuss-Kanal-Brücke unterhalb des Mauerbergs ein geradezu magischer Ort.

augustana" der Mailänder Arzt und Gelehrte Hieronymus Cardanus im Jahr 1554. Als der Ingenieur Georg von Reichenbach Anfang des 19. Jahrhunderts die Kapazität des Wasserwerks mittels vier Kolbenpumpen mehr als verdoppelt hatte, wurde auch der Zulauf verbessert: Anstelle der Holzbrücke entstand die gusseiserne Kanalbrücke, die seit 1848 das Treibwasser aus dem Inneren Stadtgraben über den Stadtbach hinweg führt. Und zwar bis heute, wenngleich das Wasserwerk nur bis 1897 in Betrieb blieb. Die Konstruktion stammt von einem Nachfahren Reichenbachs, Carl August Reichenbach. Der wiederum war als Mechaniker für Druckmaschinen und Schnellpressen nach Augsburg gekommen und hatte mit seinem Schwager Carl Buz die Sander'sche Maschinenfabrik übernommen, die spätere MAN. Aber das ist eine andere Geschichte …

Die Zirbelnuss-Kanal-Brücke ist 12,3 Meter lang und zwei Meter breit. Das Gerinne lagert auf sechs Stützpfeilern und ist Augsburgs letzte oberirdische Wasserkreuzung. Und die Brücke trägt das Symbol der Stadt. Nicht nur deshalb ist das kleine Industriedenkmal ein magischer Ort. Man muss sich nur einmal bei Sonnenschein vom glitzernden, in zwei Richtungen fließenden Wasser verzaubern lassen.

Lage Die Augsburger Zirbelnuss-Kanal-Brücke ist etwas versteckt zwischen dem Haus Bei den sieben Kindeln und dem Liliom-Kino am Unteren Graben zu finden.

Führungen Die Regio Tourismus bietet regelmäßig Führungen u. a. zur Industriegeschichte Augsburgs und zu „Wasser in der Stadt – auf dem Weg zum Unesco-Welterbe?" an. Infos im Internet unter: www.augsburg-tourismus.de

Wo sich Bayern und Schwaben zankten

Die Furt am Lech bei Hochzoll verband Augsburg mit dem bayerischen Königreich

von Felicitas Lachmayr

Seit Jahrhunderten verbindet eine Furt, dann eine Brücke die Stadt Augsburg mit dem Umland östlich des Lechs. Einst klapperten Händler mit ihren Fuhrwerken über die Brücke und brachten wertvolle Waren wie Stoffe und Salz ans andere Ufer, Bauern lieferten Vieh und Getreide vom Land in die Stadt. Doch nicht immer verlief der Austausch zwischen Ost und West friedlich. Denn bis 1806 markierte der Lech die Grenze zwischen dem Königreich Bayern und der schwäbischen Freien Reichsstadt Augsburg. Streitigkeiten um Zölle und kriegerische Auseinandersetzungen blieben da nicht aus. Ausgetragen wurden sie häufig an der wichtigsten Verbindungsstelle, der Brücke bei Hochzoll.

Sie gilt als die älteste Überquerungsmöglichkeit des Lechs bei Augsburg. „Schon die Römer nutzten eine ähnliche, möglicherweise etwas südlicher gelegene Stelle", sagt Hubert Raab. Der Friedberger Historiker hat sich jahrelang mit der Lokalgeschichte auseinandergesetzt und weiß: „Der Lech war ein reißender Alpenfluss und nicht leicht zu passieren". Immer wieder bildeten sich Seitenarme und Inseln, an mancher Stelle sei er hunderte Meter breit gewesen. Eine natürliche Grenze, die zu überwinden manch Mutigem das Leben kostete.

Umso bedeutender war die Errichtung der Brücke bei Hochzoll. Um 980 zum ersten Mal urkundlich erwähnt, wurde sie durch Kriege und Hochwasser mehrfach zerstört. „Wenn Feinde am anderen Ufer des Lechs standen, wurde die Brücke oftmals in Brand gesteckt", sagt Raab. So

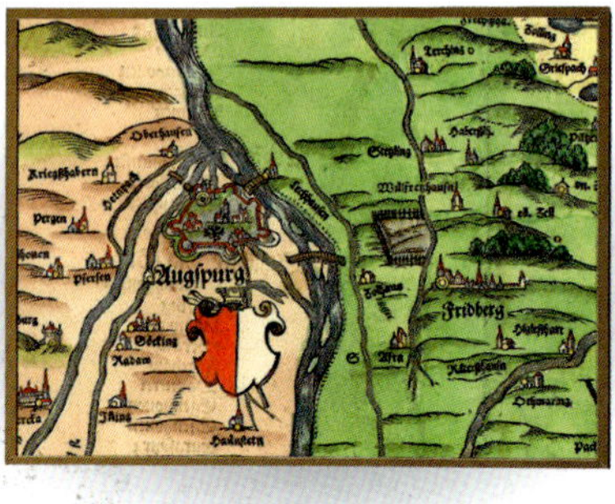

Die Brücke bei Hochzoll verband das Königreich Bayern mit der Freien Reichsstadt Augsburg. Die Zollstelle sorgte immer wieder auch für Streit.

stand die hölzerne Brücke während des Dreißigjährigen Krieges zweimal in Flammen, als französische und schwedische Truppen Augsburg belagerten. Nach erneuter Zerstörung beauftragte General Moreau 1796 bei Augsburger Zimmerleuten den Wiederaufbau. Denn die Brücke war lange Zeit eine der wenigen Stellen, an denen man den Lech überqueren konnte. Die nächsten Übergänge habe es südlich bei Kaufering und nördlich bei Rain gegeben, so Raab. Ab 1560, vermutlich auch schon früher, gab es eine weitere Querung bei Lechhausen. Doch die Brücke bei Hochzoll blieb die wichtigste Route, denn sie war direkt an die Fernhandelswege angeschlossen. Entsprechend wurde für die Nutzung der Brücke Zoll erhoben. „Um den wurde viel gestritten", so Raab. „Er machte die Brücke zu einer wichtigen Einnahmequelle." Bis zur Eingliederung Augsburgs ins Königreich Bayern besaß das Kloster St. Ulrich und Afra das Zollrecht. Das verlieh dem Bauwerk seinen heutigen Namen: Afra-Brücke. Im Zuge der Säkularisation hatten ab 1807 die Stadt und das Land die Verantwortung für die Brücke. Das Zollhaus am westlichen Ufer wurde 1835 abgerissen. Erst mit der Industrialisierung wurde die hölzerne Brücke um 1834 durch Mauerwerk verstärkt. Nach mehrmaligen Umbauten wurde der Übergang erst 1990 durch die jetzige vierspurige Brücke ersetzt.

Lage Die Afrabrücke liegt im Osten von Augsburg und verbindet die Stadt mit dem Stadtteil Hochzoll. Die B 300 sowie die Straßenbahnlinie 6 führen über die Brücke.
Tipp An der östlichen Seite der Brücke zeigt eine Stele, wie sich das Bauwerk im Laufe der Jahrhunderte veränderte. Inspiriert von den Bildern kann man bei einem Spaziergang am Lech entlang in der Geschichte schwelgen und sich vorstellen, wie Händler hier einst Ausland betraten.

Ungetrübter Ausblick trotz Sonnenflecken

Warum steht mitten in der Landschaft der Christoph-Scheiner-Aussichtsturm? Woher hat er seinen Namen?

von Manuela Frieß

Genau 42 Stufen sind zu bewältigen, bis man ganz oben angekommen ist. Oben, auf dem neun Meter hohen hölzernen Aussichtsturm mitten im Erholungsgebiet der Stauden. Von dort hat man einen wunderbaren Ausblick auf die Region, die den südlichen Teil des Naturparks Westliche Wälder bildet. Doch warum steht dort zwischen den Markt Walder Ortsteilen Oberneufnach und Bürgle überhaupt dieser Turm und wer ist eigentlich dieser Christoph Scheiner?

Aufschluss gibt unter anderem eine Hinweistafel am Turm: Christoph Scheiner, 1573 in Markt Wald als Sohn des Scheinerbauern geboren, ist zwar nicht mehr so bekannt wie sein Zeitgenosse Galileo Galilei, hat jedoch ähnlich wichtige Entdeckungen gemacht wie dieser und gilt als einer der führenden Naturwissenschaftler des 17. Jahrhunderts. Zwischen beiden gab es sogar einen erbitterten Streit, weil Galilei vermutete, der Jesuitenpater und Professor für Physik und Astronomie habe von ihm abgeschrieben. Denn auch Scheiner hat bereits Anfang des 17. Jahrhunderts über die Sonnenflecken geforscht sowie Fernrohre und Teleskope konstruiert. Leider hat er seine Entdeckungen nicht in seiner Heimat gemacht, sondern im Turm der Heilig-Kreuz-Kirche in Ingolstadt, wo er sich ein Stübchen als private Sternwarte eingerichtet hatte. Scheiner hielt sich während seiner Laufbahn oft am Hof des bayerischen Königs Max III. auf sowie in Ingolstadt, Freiburg und Rom. Dort war er 1633 wahrscheinlich sogar beim Prozess gegen

42 Stufen führen auf den Christoph-Scheiner-Aussichtsturm zwischen Bürgle und Oberneufnach. Von dort oben können Wanderer und Radfahrer die Aussicht in die Stauden genießen.

Galilei dabei, trat aber wohl als dessen Gegner auf. Mit Astronomie hat der Aussichtssturm bei Markt Wald jedoch nichts zu tun. Er wurde aus einem ganz profanen Grund aufgestellt, nämlich als Schulungsarbeit für die Mitglieder des Technischen Hilfswerks Schwabmünchen. Diese haben die Holzkonstruktion mit den mächtigen Rundstämmen vor über 30 Jahren errichtet. Und da der Astronom und Erfinder Scheiner nun einmal der bekannteste Sohn der Gemeinde ist, bekam er dessen Namen. So einfach ist das.

Sonne und Regen haben dem Holz über die Jahre hinweg zugesetzt. Weil einige Stützen und Beläge morsch waren, wurde der Turm mit den sieben Plattformen 2016 gesperrt. Seit Mai 2017 kann man jedoch wieder hinaufsteigen. Die Spuren der Reparatur sind an den helleren Brettern und Balken noch deutlich sichtbar.

Der Turm ist ein beliebtes Ziel für Schulklassen, Einheimische, Radler und Wanderer. Auch viele Besucher, die mit der Staudenbahn nach Oberneufnach kommen, gehen gern zum Turm und genießen die Aussicht, die an schönen Tagen bis zu den Alpen reicht. Ebenfalls sehenswert und ganz in der Nähe ist die wunderschöne Wallfahrtskapelle St. Antonius von Padua in Schnerzhofen.

Lage In den Sommermonaten kommt man von Augsburg nach Oberneufnach bequem mit der Staudenbahn , die regelmäßig vom Hauptbahnhof nach Markt Wald fährt. Mit dem Auto oder mit dem Fahrrad kommt man aus der Region Augsburg am besten über Mittelneufnach.

Öffnungszeiten Der Aufstieg auf den Aussichtsturm ist jederzeit möglich.

Tipsiles und die Erfindung des Schießpulvers

Wie der Mann mit dem grünen Turban die Stadt Augsburg vor Feinden gerettet haben soll

von Alexander Rupflin

Das Schießpulver haben angeblich die Chinesen erfunden. Dass die Wahrheit vielmehr auf der anderen Seite der Welt, in Augsburg, zu finden ist, lässt sich vermuten, wenn man sich fragt, woher das Pulvergäßchen seinen Namen hat. Paul von Stetten, der letzte Stadtpfleger der Stadt Augsburg, berichtete bereits 1779, dass ein Jude namens Tipsiles im Jahr 1353 das Pulver erfunden habe.

Aber wer war jener Jude Tipsiles? Der Jüdisch-Historische Verein hat die Legende zusammengetragen: Anfang des 14. Jahrhunderts habe ein fremdartiger Neubürger schon durch sein äußeres Erscheinungsbild Aufsehen in Augsburg erregt. Einen grünen Turban habe er getragen, dazu einen wuchtigen Bart. Sein finster dreinblickender Diener sei ihm niemals von der Seite gewichen. Und nachts habe der Mann nicht nur den Himmel beobachtet, sondern auch noch Blitze heraufbeschworen. Unter den Bürgern ging das Gerücht herum, hier müsse es sich um einen Hexer handeln, und man entschied sich zur Anzeige. Der Rat der Stadt aber hatte andere Probleme, Augsburg wurde gerade von Feinden bedroht. Und so handelte man schwäbisch-pragmatisch: Man könne ja „den gelehrten Fremden in seinem Dachstüblein einmal befragen, ob der nicht Hilfe in solcher Not wüßt", wie es Journalist und Lokalhistoriker August Vetter (1862–1923) im Feuilleton in der „Neuen Augsburger Zeitung" formulierte. Als man den Unbekannten daraufhin fragte, mischte der sogleich ein paar Pulver zusammen, trat ans Fenster, legte einen Stein auf das

Eine Büste des Tipsiles ist an der Wand neben dem Eingang zur Goldschmiedekapelle in der St.-Anna-Kirche in Augsburg zu sehen.

Gemisch und entzündete es. Es kam zur Explosion und einigem Schreck bei den Ratsherren. Als sich der Rauch verzogen hatte, wies draußen die blecherne Wetterfahne ein großes Loch auf. Mit dieser Waffe rettete der Fremde mit dem Namen Tipsiles Augsburg angeblich aus der Belagerung und zum Dank spendierte die Stadt ihrem Retter in der Not ein Grundstück in der Jakobervorstadt. Aus dieser Zeit könnte also der Name Pulvergäßchen stammen. Das Stadtlexikon hat eine weniger spektakuläre Anekdote zu der kleinen Straße zu erzählen. Nachweislich stand dort im 16. Jahrhundert eine Pulvermühle zur Deckung des städtischen Pulverbedarfs. Da diese aber im Lauf der Zeit einige Male explodierte, verlagerte man die Schwarzpulverproduktion 1745 vor die Grenzen der Stadt. Mehr sei an diesem Ort damals nicht gewesen.
Ob Tibsiles nun tatsächlich als Erfinder des Schwarzpulvers zu bezeichnen ist, oder nicht doch die Chinesen, oder vielleicht auch der Freiburger Franziskaner Berthodus Niger oder auch Roger Bacon, ebenfalls Franziskaner, als Entdecker des Gemisches zu nennen ist, das muss wohl weiterhin offen und streitbar bleiben. Für- und Widersprecher findet man unter den Historikern für jeden der Anwärter. Manches aber bleibt vermutlich für immer im Pulverdampf der Jahrhunderte verborgen.

Lage Das Pulvergäßchen verbindet die Franziskanergasse mit dem Unteren Graben.
Literatur Mehr zur Legende des Juden Tipsiles in: Vetter, August: „Alt-Augsburg. Eine Sammlung von Sagen und Geschichten aus Augsburgs Vergangenheit" (nur antiquarisch erwerbbar) und auf der Website des Jüdisch-Historischen Vereins Augsburg: www.jhva.wordpress.com/2011/08/30/die-augsburger-legende-des-tipsiles

Das altbayerische Ruhrgebiet bei Aichach

Im Mittelalter wurde im Grubet Eisenerz abgebaut. Diese Vergangenheit gab dem Gebiet seinen Namen

von Nicole Simüller

Das Grubet bei Aichach ist vor allem als Naherholungsgebiet bekannt. Doch im frühen Mittelalter war der Höhenrücken westlich der Stadt so etwas wie das „altbayerische Ruhrgebiet". Wer den Walderlebnispfad entlang läuft, bemerkt bald kleinere oder größere Mulden unter den Bäumen. Keine Bombentrichter, wie mancher Spaziergänger vermutet, sondern ein montanarchäologisches Erbe, dem Wissenschaftler große Bedeutung beimessen. Durch die forstwirtschaftliche Nutzung vieler ehemaliger Abbaugebiete gehen immer mehr Relikte wie das bei Aichach verloren.

Die Gruben, die dem Gebiet seinen Namen gaben, stammen von Bergleuten, die hier früher im Tagebau Eisenerz abbauten. Um auf eine Bodenschicht mit hochwertigen Eisenerzknollen zu stoßen, schaufelten die Männer bis zu zehn Meter tiefe Trichter in die Erde. Eine Knochenarbeit. Das so geförderte Eisenerz wurde vor Ort verhüttet. Das bedeutet: Aus ihm wurde Eisen ausgeschmolzen. Dazu bauten die Bergarbeiter aus Schlamm und Ästen improvisierte Hochöfen. Das in diesen „Rennöfen" gewonnene Eisen wurde danach an die Schmieden im Tal geliefert. Etwa anderthalb Quadratkilometer ist das frühere Aichacher Bergbaurevier groß. 3500 sogenannte „Pingen", also trichterförmige Vertiefungen, auf mehreren Grubenfeldern zeugen von seiner Vergangenheit. Mitte der 1960er-Jahre begann der spätere Bezirksheimatpfleger Hans Frei, damals Student, das Gebiet zu erforschen. Seine damaligen Erkenntnisse waren Anstoß für weitere Untersuchungen. 2009 erfolgte der Startschuss für

So sah ein mittelalterlicher Rennofen aus Schlamm und Ästen aus. In Öfen wie diesen verhütteten Bergleute am Grubet früher Eisenerz.

Ausgrabungen durch Archäologen und Studenten der Ludwig-Maximilians-Universität München, betreut von der Gesellschaft für Archäologie in Bayern und vor Ort geleitet von Martin Straßburger, einem Archäologen aus dem benachbarten Aichacher Stadtteil Algertshausen. Mehrfach schon haben Archäologen im Grubet öffentlich den mühsamen Schmelzprozess mit Rennöfen demonstriert. Zwischen Hoch- und Spätmittelalter wurde der Bergbau bei Aichach aufgegeben. Der Hügel war großteils ausgebeutet, zeitgemäßere Fördermethoden brachten Eisenerz andernorts schneller ans Tageslicht.

Heute können sich Besucher beim Grubethaus westlich des Aichacher Stadtteils Algertshausen über das Bergbaudenkmal informieren. Neben dem Gebäude steht ein Pavillon, der mit Infotafeln und Eisenerzfunden an die Vergangenheit des Grubets erinnert. Der Walderlebnispfad, der am Grubethaus beginnt, führt hier vorbei. Ein Tornado beschädigte den Pfad im Mai 2015 massiv. Dabei wurde auch ein kleines Freigelände neben dem Infopavillon zerstört, auf dem ein mittelalterlicher Rennofen nachgebaut war. Der Wiederaufbau durch die Grubetfreunde ist in die Wege geleitet.

Lage Das Grubet ist ein Gebiet nahe den Aichacher Stadtteilen Algertshausen und Unterschneitbach.
Wissenswertes Auf etwa anderthalb Quadratkilometern befinden sich rund 3500 trichterförmige Vertiefungen aus der Zeit des Eisenerz-Abbaus. Am Grubethaus am Grubet 1 gibt es Parkplätze. An Wochenenden wird es von den Grubetfreunden bewirtschaftet. Ein Pavillon informiert nebenan über die Bergbau-Vergangenheit.

„Die Menschen spüren, dass hier etwas ist“

Die Grotte des beliebten Wallfahrtsortes Maria Vesperbild ist auch ein Ort der Stille

von Peter Bauer

An manchen Tagen sind in Maria Vesperbild Tausende von Menschen. Vor allem dann, wenn wieder eine der großen Lichterprozessionen stattfindet. Aber die Grotte des bekannten Wallfahrtsortes im südöstlichen Kreis Günzburg ist auch ein Ort der Stille und der Nachdenklichkeit.

Häufig suchen ihn Menschen bewusst ganz allein auf. Es sind oft Menschen, die auf der Schattenseite des Lebens stehen. Die aber gleichermaßen Hoffnung haben, diesen Schatten irgendwann hinter sich zu lassen. „Die Menschen, auch die Glaubenslosesten, spüren, dass hier etwas ist“, erklärt der Maria Vesperbilder Wallfahrtsdirektor Wilhelm Imkamp.

All die Menschen, die den Weg in die Grotte finden, scheint ein einziges Wort zu verbinden: „Danke“. In der Grotte hängen zahllose Tafeln, auf denen dieses Wort in großen Buchstaben steht. Oft zu finden ist auch der Satz „Maria hat geholfen“, immer wieder gibt es hier auch Zeichnungen von Kindern. Wiederholt berichten Menschen dem Wallfahrtsdirektor, dass sie Hilfe durch die Gottesmutter erfahren hätten. „Wir gehen damit aber sehr diskret um, wir sind kein Mirakelbetrieb“, betont er.

In der Region Augsburg gibt es viele Lourdesgrotten, die Grotte von Maria Vesperbild hingegen ist eine Fátimagrotte. Imkamps Vorgänger an der Spitze des Wallfahrtsortes, der Benefiziat Jakob Ruf, war ein großer Verehrer der Geschehnisse 1917 in Fátima in Portugal. Berichtet wird, dass dort am 13. Mai

Tausende von Menschen kommen Jahr für Jahr nach Maria Vesperbild. Die Fátima-Grotte ist aber vor allem ein Ort des stillen Gebets.

1917 die Gottesmutter drei Hirtenkindern erschienen ist. So wird unweit der Wallfahrtskirche an einer Stelle, an der sich lange eine Sandgrube befand, in den 1950er-Jahren eine Fátima-Grotte eingerichtet. Das „Herz" der Grotte ist eine Mariendarstellung, die der Langenneufnacher Künstler Ludwig Schuster (1913 – 1997) im Jahre 1957 geschnitzt hat. Von „Leuten, die sich für hochgeistig und intellektuell halten", sei, so Wilhelm Imkamp, wiederholt der Vorwurf zu hören gewesen, die Mariendarstellung sei „Kitsch". Der Wallfahrtsdirektor weist dies entschieden zurück. Im Gegenteil: Die Figur sei sogar schöner als die offizielle Darstellung in Fátima. Auch das mache die Grotte von Maria Vesperbild zu einem besonderen Ort.

Im Juli 2017 haben sich die Ereignisse von Fátima zum 100. Mal gejährt. So mancher sucht auch aus diesem Grund die Vesperbilder Grotte auf. Vor allem zur warmen Jahreszeit sind es immer wieder Radler und Wanderer, die hier Station machen und kurz innehalten. Und dann vielleicht auch spüren, das „hier etwas ist", wie es der Wallfahrtsdirektor umschreibt. Die Geschichte des Wallfahrtsortes selbst reicht bis ins Jahr 1650 zurück. Jahr für Jahr kommen etwa 500.000 Menschen nach Maria Vesperbild.

Lage Der bekannte Wallfahrtsort Maria Vesperbild liegt im südöstlichen Kreis Günzburg und ist über die Bundesstraße B 300 gut zu erreichen. Es gibt eine eigene Ausfahrt direkt zum Wallfahrtsort.
Tipp Der große Höhepunkt im Wallfahrtsjahr ist der 15. August (Mariä Himmelfahrt) mit Pontifikalamt und Lichterprozession.
Einkehrmöglichkeit Direkt neben der Wallfahrtskirche befindet sich der Gasthof „Zur Linde".

Die Maulwurfgänge unter dem Wittelsbacher Park

In langen Stollen in der Erde suchten die Menschen im Weltkrieg Schutz vor Bomben

von Marcus Bürzle

Endlich etwas Schutz. Nach den verheerenden Bombenangriffen auf Augsburg im Februar 1944 wurde gegraben. Am Ende durchzogen Luftschutzstollen den Hügel unterm Wittelsbacher Park. Sie waren schmal, maximal 1,80 Meter hoch und mit Brettern gestützt. Aber 3,5 Kilometer lang, wie Stadthistoriker Franz Häußler schreibt. Und die Gänge im Erdreich boten etwas Schutz vor den Bomben, die zum Ende des zweiten Weltkriegs auf die Stadt fielen.

Ein Zeitzeuge erinnerte sich vor wenigen Jahren, wie erleichtert er war, als er als Kind vor den Angriffen die Stollen erreichte. „Wenn wir im Stollen waren, war das für uns, ja, wie eine Erlösung." Die Explosionen waren noch zu hören. Das Licht flackerte, Erde rieselte herab. Aber die Menschen waren nicht schutzlos. Sie saßen unter der Erde auf Klappbänken, warteten, beteten und überlebten. Einen Teil der Stollen gibt es noch heute. Mit über 70 Jahren nutzte der Augsburger eine der sporadischen Führungen, um noch einmal an den Ort zurückzukehren, wo er als Kind viele bedrückende Stunden erlebt hatte. Die Röhren haben sich verändert. Während des Krieges waren vier Stollensysteme in den Hügel gegraben worden, schreibt Stadthistoriker Häußler im Buch „Augsburgs grüne Insel – Stadtgarten und Wittelsbacherpark". Es waren insgesamt vier Stollensysteme mit neun Zugängen und zwei Notausgängen. „Sie waren angeordnet wie Leitern: lange Gänge und in den

Über Treppen geht es wieder hinaus ins Freie.

Quergängen fanden die Menschen Schutz", erklärt Dieter Seebach vom Technischen Hilfswerk. Im Jahr 1962 sind die unterirdischen Gänge noch einmal erneuert worden. Sie wurden mit Spritzbeton befestigt. Danach, berichtet Häußler, geschah nichts mehr. Der Kalte Krieg ging zu Ende. 1990 wurde die Stadt Eigentümerin der Stollen. Etwa zehn Jahre später wurden Teile der Luftschutzröhren verfüllt und Eingänge verschlossen. In der Schießstättenstraße sind noch immer zwei schwer gesicherte Eingänge zu sehen.

Der Zutritt zu den dahinter liegenden Stollen ist für die Öffentlichkeit verboten. Aber das Technische Hilfswerk ist hin und wieder dort zu sehen. Die Helfer des THW trainieren dort, sagt Dieter Seebach – zum Beispiel die Verletztensuche. Dafür werden die dunklen Gänge teils noch vernebelt, die Retter tragen dabei Atemschutzgeräte. Wer einmal dort unten war, kann erahnen, dass das eine kniffelige Aufgabe ist. Doch es ist nichts im Vergleich zu dem, was die Menschen während des Krieges erlebten.

Auch in Tagen vor dem Einmarsch der Amerikaner verbrachten die Menschen dort viel Zeit. Es gab aber keinen Angriff mehr. Eine Gruppe mutiger Augsburger regelte die kampflose Übergabe der Stadt an die Amerikaner. Der Krieg war aus und die Menschen verließen die Schutzräume.

Lage Die verschlossenen Eingänge zum Bunkersystem sind in der Schießstättenstraße zu sehen. Es gibt sporadisch Führungen.
Literatur Es gibt nicht viel Literatur. Aber Stadthistoriker Franz Häußler beschreibt im Buch „Augsburgs grüne Insel – Stadtgarten und Wittelsbacherpark" auch den ehemaligen Bunker.
Das Buch ist im Context Verlag erschienen und kostet 18,90 Euro.

Der wütende Fuhrmann bekommt seine Strafe

Warum ein mysteriöser Stein in Mering der „Steinerne Mehlsack“ genannt wird

von Philipp Schröders

Heutzutage setzen sich viele Organisationen dafür ein, dass Tiere gut behandelt werden. Doch auch früher lag den Menschen das Wohl der Vierbeiner am Herzen. Wer Nutztiere quälte, hatte eine harte Strafe verdient. Davon zeugt eine alte Sage in der Marktgemeinde Mering, die mit einem Steinstumpf an der Unterberger Straße verknüpft ist. Im Volksmund wird dieser der „Steinerne Mehlsack“ genannt.

Der bereits gestorbene Heimatforscher Martin Schallermeir überliefert die Erzählung in seinem Buch über die Marktgemeinde. Einmal war in Mering ein wüster, verdorbener Fuhrmann unterwegs. Sein Wagen war schwer mit Mehlsäcken überladen. Seinen armen Rössern hatte der grausame Mann viel zu viel zugemutet. Schwer keuchend und mit Schweiß um die Nüstern kamen sie kaum voran. Als die Pferde stehen blieben, um Luft zu holen, kannte der Fuhrmann kein Erbarmen. Er schrie, tobte und stieß abscheuliche Flüche und Verwünschungen aus. Das brachte die erschöpften Tiere aber nicht wieder in Bewegung. Der Fuhrmann steigerte sich noch mehr in seine Wut hinein und schlug wie wild auf die Rösser ein. Da erbarmte sich Gott und verwandelte den Tierhalter auf der Stelle in einen steinernen Mehlsack. Einer anderen Überlieferung nach geht es dem Fuhrmann zwar nicht an den Kragen, aber auch in dieser Geschichte kann er sich ein paar derbe Schimpfwörter nicht verkneifen. Zunächst fällt einer der Mehlsäcke von seinem Karren. Nachdem der Fuhrmann daraufhin fürchterlich flucht, wird der große

Unweit der Unterberger Straße bei Mering steht dieser Steinstumpf. Auf der Infotafel wird die Sage vom Steinernen Mehlsack erzählt.

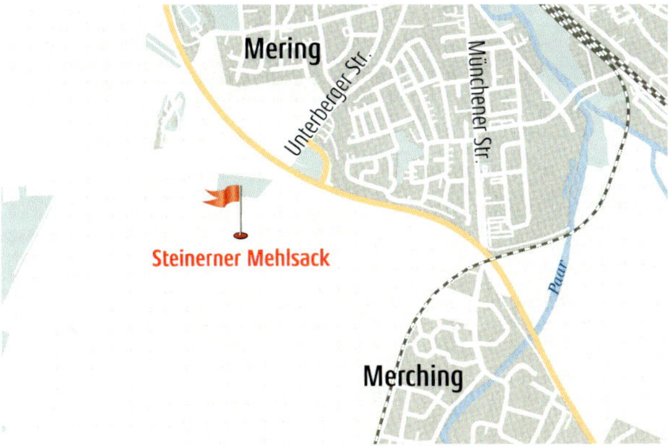

Beutel auf der Stelle in einen Stein verwandelt. Und so liegt er heutzutage immer noch am Ortsrand von Mering auf einem Feld.
Tatsächlich lässt sich ein Stein an der Unterberger Straße finden. Allerdings handelt es sich bei dem Stumpf nicht um einen Mehlsack, sondern um eine römische Hinterlassenschaft. Vor vielen Jahrhunderten führte eine Straße der antiken Eroberer durch Mering und das nördlich gelegene Kissing. Sie hat zahlreiche Spuren hinterlassen. Münzen, Figuren und Keramikreste: Immer wieder werden in der Region Überbleibsel dieser Zeit aus dem Boden geholt. Bei dem Stein auf dem Feld an der Unterberger Straße könnte es sich um den Stumpf eines römischen Meilensteins handeln. Der Heimatforscher Schallermeir glaubte daran.
Die Römer legten ihre Straßen schnurgerade an. Nur gelegentliche, kleine Knicke unterbrachen diese Tradition, meist bei Meilensteinen, wie Schallermeir in seinem Buch ausführt. In jüngster Zeit ist der römische Steinstumpf versetzt worden. Ursprünglich befand er sich etwa 30 Meter nördlich der Baumgruppe, neben der er jetzt steht. Der Theorie nach markierte er die zehnte römische Meile südlich von Augsburg, also etwa 14 Kilometer von der Stadt entfernt.

Lage Wer von der B2 in Mering-Mitte links in die Unterberger Straße abbiegt, sieht den „Steinernen Mehlsack" unweit einer Baumgruppe mit einem Feldkreuz stehen. Neben dem Stein steht ein weißes Schild, auf dem eine Version der Sage wiedergegeben wird.
Tipp Wer bei einer Wanderung einen Abstecher macht, kann auf einer Sitzgruppe mit Tisch aus Holz im Schatten der Bäume eine Rast einlegen.

Von Lustreisen und der Falkenjagd

Die Burg Haltenberg am Lech war Ziel der Münchner Hofgesellschaft. Heute kommen Schulklassen

von Thomas Wunder

Was er brauche, seien Lustschlösser, Gärten und Wälder, schrieb Max Emanuel im Jahr 1705 an seine Mätresse. Haltenberg und Lichtenberg im Landkreis Landsberg waren seit 1666 im Besitz der bayerischen Kurfürsten. Die Burg Haltenberg ist heute nur noch die Ruine einer Höhenburg und liegt auf dem Steilufer des Lechs zwischen Scheuring und Kaufering. Die Anlage ist die einzige Burgruine am gesamten Lechrain zwischen Donauwörth und Füssen.

Im Jahr 1612 hatte der spätere Kurfürst Maximilian I. die Anlage erworben, die danach zum Jagdschloss umgebaut wurde. Die nahen Lechauen waren besonders für die „Reiherbeize", also die Falkenjagd auf Fischreiher, geeignet. Auch das nahe Westerholz bot ergiebige Jagdgründe für die Münchner Hofgesellschaft, die auf dem Kurfürstenweg hierher gelangte.

Das gesellschaftliche Leben auf Haltenberg und Lichtenberg war abwechslungsreich. Einige Details sind aus den Tagebüchern des Grafen Max von Preysing und des Freiherrn Sebastian von Pemler zu erfahren, die immer wieder Gäste auf den Schlössern waren. Die meiste Zeit verbrachten die Adeligen bei Spielen. Vormittags war es meist das Kartenspiel und Billard. In Lichtenberg gab es dazu ein eigenes Billardzimmer. Auch dem Schießsport gingen die Adeligen eifrig nach. Scheiben- und Vogelschießen waren sehr beliebt. Die Jagd war Zeitvertreib, Sport und Übung für den Krieg. Von den 17 Reisen unter Max Emanuel nach Lichtenberg und Haltenberg sind

Die Burgruine Haltenberg oberhalb des Lech-Steilufers zwischen Kaufering und Scheuring kann bei Führungen besichtigt werden.

nur vier nicht wegen der Reiherbeize unternommen worden. Bei Max III. Joseph werden die Aufenthalte gar als „Lustreisen" bezeichnet. Die Zeit der Hofjagden ging allerdings mit dem 18. Jahrhundert zu Ende. Das nun entbehrlich gewordene Jagdschloss wurde weitgehend abgerissen. Bis heute erhalten und bewirtschaftet ist allerdings der ehemalige Wirtschaftshof in der Vorburg. Das Burggelände war seit dem 19. Jahrhundert im Besitz der Herren von Thyssen. Im Jahr 1982 erwarb der Kreis Landsberg die Hauptburg und begann mit der Sanierung. Die verbliebene Substanz wurde gesichert und der Bergfried als Aussichtsturm zugänglich gemacht. Dabei wurde auch der Turmabschluss aufgemauert und überdacht. Bis zur Sanierung befand sich die Ruine in einem völlig verwahrlosten Zustand. In den großen Bergfried war ein undichtes Wasserreservoir eingebaut, dessen auslaufender Inhalt im Winter beträchtliche Frostschäden verursachte.
Lichtenberg ist nicht mehr erhalten. Der bayerische Feldherr Karl Philipp von Wrede hatte das Schloss für seine Verdienste erhalten und es Anfang des 19. Jahrhunderts abreißen lassen. Mit den Steinen aus Lichtenberg wurden unter anderem Kasernen in Augsburg gebaut.

Lage Die Ruine der Burg Haltenberg liegt zwischen Scheuring und Kaufering im Landkreis Landsberg. An der Ortsverbindungsstraße Kaufering/Scheuring gibt es einen Parkplatz. Die direkte Zufahrt zur Burgruine ist nicht möglich.
Führungen Das Landratsamt Landsberg bietet Burgführung durch geschulte Gästeführer an. Mehr Informationen auf der Homepage www.landkreis-landsberg.de unter Kultur & Tourismus.

Die verlassene Siedlung mitten im Wald

Ein Teil des Augsburger Stadtteils Siebenbrunn musste dem Trinkwasserschutz weichen

von Stefan Krog

Die Hinweise auf die Siedlung, die einst die Heimat von 230 Menschen war, sind kaum noch zu erahnen: In den vergangenen 40 Jahren hat sich die Natur die Rohdungsfläche im Siebentischwald wieder zurückgeholt. Bis in die 1970er-Jahre stand nordöstlich von Siebenbrunn das Siebenbrunner Unterdorf, Kolonie genannt.

Heute zeugen nur noch ein Spielplatz mit einem Fliegenpilz-Karussell im Wald, eine Kastanienallee zwischen aufgeforsteten Fichten und Fundamente eines Wasserkraftwerks im Siebenbrunner Bach davon, dass hier einst Menschen lebten. Auch eine Infotafel und ein Wegkreuz, das ehemalige Bewohner des Unterdorfs 2008 stifteten, erinnern an das Fabrikdorf.

Vor gut 150 Jahren war an dieser Stelle die Mechanische Weberei gebaut worden. Sie nutzte die Energie des Siebenbrunnenbachs. Für die Arbeiter und deren Familien wurden mehrere Häuser gebaut. Es gab auch ein kleines Lebensmittelgeschäft und die Gaststätte „Zu den sieben Brunnen" in der Kolonie. Die Fabrik wurde 1937 aufgegeben, die Hallen in den folgenden 40 Jahren unterschiedlich genutzt. Die Arbeiterhäuser blieben aber bewohnt. Nach und nach zogen Bewohner weg auch wegen der sanitären Verhältnisse in den Häusern. 1977 beschloss der Augsburger Stadtrat schließlich, die Gebäude abzureißen. Denn die Gebäude des Unterdorfs lagen in der engeren Schutzzone für die Trinkwasserbrunnen der Stadtwerke. Die letzten 40 Bewohner wurden umgesiedelt, kurz danach begann der Abbruch. Drei

Ein Spielplatz und drumherum Kastanienbäume: Das sind Relikte des Siebenbrunner Unterdorfs mitten im Siebentischwald.

Jahre später war vom alten Dorf nichts mehr zu sehen, das Gelände wurde aufgeforstet. Verweise auf das Unterdorf tauchen im 2014 erschienenen Roman „Siebenbrunn" der in Leipzig lebenden und in Haunstetten aufgewachsenen Schriftstellerin Eva Roman auf – etwa das Karussell mit dem Fliegenpilzdach. Die Protagonisten des Buchs sind Frauen, vor der Kulisse des „vom Wald verschlungenen Dorfs" geht es um Tod und Verlust, aber auch um Erinnern und Weiterleben.
Siebenbrunn hat in den vergangenen Jahrzehnten nicht nur das Unterdorf verloren. Von den vier Gutshäusern und einem Naturheilbad sind nur noch zwei Anwesen erhalten. Die anderen Gebäude mussten dem Trinkwasserschutz weichen. Zuletzt war 2001 das Preßmar'sche Gut fällig. Erhalten geblieben sind die Apfelbäume des Gutes – nur eine intakte Natur ist Garant für sauberes Trinkwasser. Neubauten sind in Siebenbrunn nicht gestattet, Sanierungen nur unter Auflagen möglich. Siebenbrunn ist der kleinste Stadtbezirk. Als Siebenbrunn 1910 nach Augsburg eingemeindet wurde, gab es um die 450 Einwohner. Aktuell sind es knapp 100 Einwohner. Laut einer Prognose der Stadt für die Stadtteile wird die Zahl bis 2030 auf gut 80 schrumpfen.

Lage Die Überreste des Unterdorfs liegen neben einer Lichtung im Siebentischwald. Zu erreichen sind sie am besten von Siebenbrunn aus: Von der Gaststätte Jägerhaus aus führt der Weg erst Richtung Osten auf dem Ochsenbachweg. An dessen Ende biegt man links auf den Hugenottenweg Richtung Norden ein.
Tipp Vor Ort weisen eine Tafel und ein Wegkreuz auf die ehemalige Kolonie hin. Ihre Überreste sind kaum noch zu erahnen.

Weitere Informationen zu... ...Gotteshäusern

Barfüßerkirche
Mittlerer Lech 1 I 86150 Augsburg
Tel. 08 21.3 03 26 I E-Mail: pfarramt.barfuesser.a@elkb.de
Öffnungszeiten täglich von 9 – 18 Uhr

Basilika St. Ulrich und Afra
Ulrichsplatz 19 I 86150 Augsburg
Tel. 08 21.34 55 60 I E-Mail: ulrichsbasilika@bistum-augsburg.de
Kirchenführungen nach Anmeldung möglich
Zutritt zur Heiltumskammer nur nach Anfrage

Burgkirche Oberwittelsbach
Burgplatz 3 I 86551 Aichach

St. Afra im Felde
Eisenberg 2 I 86316 Friedberg
Tel. 08 21.58 86 80 I E-Mail: st.jakob.friedberg@bistum-augsburg.de
Gottesdienst jeden Sonntag um 9 Uhr

St. Radegundis
Klimmach 40 I 86830 Schwabmünchen
Tel. 0 82 04.4 88 I E-Mail: info@st-radegundis.de
Regelmäßig stattfindender Gottesdienst

Wallfahrtskirche Biberbach
Am Kirchberg 20 I 86485 Biberbach
Tel. 0 82 71.29 36 I E-Mail: st.jakobus.biberbach@bistum-augsburg.de
Kirchenführungen nach Anmeldung möglich

Wallfahrtskirche Maria Birnbaum
Maria-Birnbaum-Straße 51 – 53 I 86577 Sielenbach
Tel. 0 82 58.9 98 52 30
Besichtigungen das ganze Jahr über möglich
Kirchenführungen nach Vereinbarung möglich

Wallfahrtskirche Maria Vesperbild
Schellenbacher Straße 2 I 86473 Ziemetshausen
Tel. 0 82 84.80 38 I E-Mail: wallfahrtsdirektion@maria-vesperbild.de

...Kultur

Ehemaliges Gaswerk Augsburg-Oberhausen
August-Wessels-Straße 30 I 86156 Augsburg-Oberhausen
48° 23′ 11″ N
10° 51′ 55″ O
Tel. 08 21.58 50 41
E-Mail: mail@gaswerk-augsburg.de
Führungen immer sonntags in den Sommermonaten

Fugger und Welser Erlebnismuseum
Äußeres Pfaffengässchen 23 I 86152 Augsburg
Tel. 08 21.45 09 78 21
E-Mail: info@fugger-und-welser-museum.de
Öffnungszeiten von Dienstag bis Sonntag und an Feiertagen 10 – 17 Uhr
Angebot verschiedener Führungen nach Anmeldung

Militärgeschichtliche Sammlung Lechfeld
Lechfeldkaserne I 86836 Lagerlechfeld
48°11′04.35″ N
10°50′45.07″ O
Tel. 0 82 32.9 07 40 00
E-Mail: taktlwg74mgslechfeld@bundeswehr.org
Eintritt jeden ersten Sonntag im Monat 11 – 17 Uhr
und nach Vereinbarung

Regio Augsburg Tourismus GmbH
Schießgrabenstraße 14 I 86150 Augsburg
Tel. 08 21.50 20 70
E-Mail: info@regio-augsburg.de